Souvenirs d'un Vieux Ladonnais

GUERRE DE 1870-71

Récits Inédits

SUR

Le Combat de Ladon (Loiret)

24 Novembre 1870

Par L. A. GAUTHIER

Dédié à mes Compatriotes.

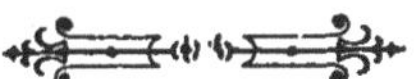

VERNEUIL (Eure)
TYPOGRAPHIE ET LITHOGRAPHIE A. AUBERT
1908

Souvenirs d'un Vieux Ladonnais

GUERRE DE 1870-71

Récits Inédits

SUR

Le Combat de Ladon (Loiret)

24 Novembre 1870

Par L. A. GAUTHIER

Dédié à mes Compatriotes.

VERNEUIL (Eure)
TYPOGRAPHIE ET LITHOGRAPHIE A. AUBERT
1908

PRÉFACE

En écrivant ce petit volume, je n'ai pas d'ambition. Je limite les faits qui se sont déroulés pendant la tourmente de 1870-71, au département du Loiret.

Je n'ai pas la prétention d'apprendre à mon lecteur du Gâtinais, l'ensemble des évènements de 1870-71, parce que, s'il est comme moi sexagénaire, il a pu être témoin oculaire des faits qui se sont accomplis dans sa commune.

Et, si j'ai cherché un peu au loin l'origine des malheurs subis par la patrie commune, c'est que j'ai pensé que mon lecteur voudra bien me permettre de raconter succinctement dans mon livre, mes appréciations personnelles sur les faits de guerre qui se sont accomplis tant à Ladon, que sur la terre du Gâtinais.

Si j'offre mon livre à mes amis anciens et à mes compatriotes Ladonnais, c'est uniquement pour leur être intimement agréable et leur dire aussi que, si je me suis donné la peine d'écrire ce modeste volume, sur le tard de ma vie (64 ans), c'est que le struggle for life *m'a tenu hélas ! courbé sous le poids du travail pendant de longues années.*

En conséquence, je n'eus donc pas le loisir de me consacrer plus tôt à ce travail, à ce genre de labeur qui est toujours très pénible pour toute personne non lettrée.

Je dois avouer, néanmoins, que le petit grain d'ambition

que j'eus en rédigeant mon livre fut de ne pas disparaître de la scène du monde avant de laisser quelques bien modestes traces de mon passage obscur.

Mon livre, que je dédie à la jeunesse du Gâtinais, ne pourra pas servir la cause de l'humanité, néanmoins les esprits studieux pourront y puiser quelques inspirations et se faire une idée réelle du courage et de l'abnégation qui devront toujours rester l'apanage de la race Gauloise.

Devenus hommes, les jeunes citoyens comprendront mieux que la Patrie peut, le cas échéant, leur demander le sacrifice de leur vie. Et défendre l'indépendance de la Patrie sacrée, nos familles, nos foyers, notre Liberté conquise par les ancêtres au prix de tant de sacrifices, voilà qui est beau et voilà qui est noble.

L. GAUTHIER.

PREMIÈRE PARTIE

GUERRE DE 1870-71

Récits inédits sur le combat de Ladon (Loiret)

CHAPITRE I

Siège de Paris. -- Première prise d'Orléans

Après le 18 Septembre 1870, l'investissement de Paris était effectif sur tous les points et l'histoire de la ville Lumière s'était embrumée.

La grande et majestueuse cité se débattait dans un cercle de fer forgé par les Germains.

Les principales artères de l'antique Lutèce étaient ligaturées comme le sont les veines d'un patient, d'un malheureux auquel le chirurgien va pratiquer l'amputation d'un membre.

Aucun aliment pour fortifier le sang nécessaire aux fonctions du cerveau de la cité, naguère si opulente, ne pouvait parvenir de l'extérieur, tant le blocus était complet.

L'histoire de France devenait sombre.

Déjà, vers cette époque, plus du tiers du territoire français était envahi par des armées allemandes. Puis, en Octobre, cinq provinces étaient chaque jour le théâtre de combats qui se terminaient, hélas ! le plus souvent au détriment de nos armes.

La Franche-Comté ; La Bourgogne avec Dijon ; Le Nord-Est ; La Picardie ; L'Orléanais, menacés ; une armée allemande venant du Nord de la France allait occuper Rouen et presque toute la Normandie.

Bientôt les populations de ces cinq provinces devinrent la proie des envahisseurs ; elles subirent le sort des vaincus ainsi que l'exigence souvent illimitée des descendants des Goths.

Vers la fin de septembre, l'ennemi qui recevait de puissants renforts resserrait de plus en plus le blocus de la cité ; alors les assiégés, qui n'étaient qu'aux débuts de leurs souffrances, commençaient à rugir comme le lion dans sa cage.

Vous, Parisiens de l'époque mémorable, qui avez soufferts pendant la tragédie grosse d'horreurs, je crois devoir traduire en quelques chapitres vos angoisses, vos inspirations dictées par la dure situation où vous tenaient des hommes issus des races scandinaves.

Ah ! Paris de 1870, ton histoire avait tourné.

Quoique, tes enfants, par leur génie, avaient, 80 ans plus tôt, confectionné le drapeau aux trois couleurs, cet emblème national qui flotta jadis victorieusement sur toutes les capitales de l'Europe, depuis Madrid jusqu'à Moscou.

Ah ! Paris, ton histoire avait tourné.

Toi qui, dans ton sein fus témoin de la publication des droits de l'homme, symboles de la justice, de la liberté, et de l'humanité.

Paris, ton histoire avait tourné.

De tes grands collèges publics et internationaux s'était

élevée une pléiade de savants, de philosophes, d'érudits, de lettrés et d'écrivains ; ils allèrent porter dans le monde, aux quatre points cardinaux, le flambeau de la vraie lumière, de la justice, du droit, de l'humanité, de la liberté, de l'indépendance, du respect à tous, des connaissances scientifiques approfondies, indispensables à la bonne semence à jeter sur les sillons creusés par les pionniers de la nouvelle ère de liberté.

Ah ! Paris, ton histoire avait tourné.

Mais tes enfants surent garder leur précieux courage dans l'attente que les jeunes citoyens du Sud de la France tenteraient par un suprême élan patriotique, de te venir en aide pour briser le cercle de fer qui t'oppressait, qui t'étreignait.

Parisiens, ayez confiance dans l'avenir, car l'histoire glorieuse de votre grande cité ne périra pas !

Chute de l'Empire de Napoléon III

Après que l'Empire français eut sombré à Sedan, le 2 Septembre 1870, la France se donna, le 5 du même mois, un gouvernement républicain, dont les membres élus pour la défense nationale furent :

1° Messieurs Emmanuel Arago ; 2° Crémieux ; 3° Jules Favre ; 4° Jules Ferry ; 5° Gambetta Léon ; 6° Garnier-Pagès ; 7° Glais Bizoin ; 8° Eugène Pelletan ; 9° Ernest Picard ; 10° Henri Rochefort ; 11° Jules Simon ; et 12° le général Trochu, à la présidence du gouvernement et à la direction des opérations militaires.

Formation d'une nouvelle Armée, dite : deuxième Armée de la Loire

En présence de la situation très grave dont la France était le théâtre, chacun des membres du nouveau gouvernement fit tous ses efforts, ne ménageant ni ses fatigues, ni son énergie pour la cause populaire.

Chacun d'eux sentait la nécessité de diminuer les malheurs déjà accumulés sur la patrie commune.

Un membre de cette assemblée, un tout jeune homme, de talent et d'énergie, apparut. Il s'agissait, ainsi qu'on le pense déjà, de Monsieur Léon Gambetta, ce jeune avocat, enfant du Lot, venu à Paris, pour y poursuivre dans la lutte de chaque jour, sa délicate carrière d'avocat.

Monsieur Gambetta, était bien méridional d'origine sans doute, et surtout de tempérament ; il avait un cœur enflammé, large et tout grand ouvert. Alors, il n'hésita pas à l'offrir à sa patrie déjà mutilée ; il se sentait puissant dans son cœur, marchait tout droit dans la voie que ses hautes qualités lui traçaient.

En homme connaissant l'histoire de son pays, Monsieur Gambetta s'était inspiré des hautes vertus du grand Carnot, ainsi que de celles du tribun Mirabeau.

Il était donc bien désigné pour être le porte-drapeau de l'époque troublée, aussi avait-il crié au peuple inquiet :

« Aux armes citoyens, la patrie est en danger ».

Le peuple français n'avait pas oublié que vers la fin du second Empire, la popularité du jeune méridional fut proclamée dans toute la France, à la suite de la très brillante plaidoirie qu'il fit dans le retentissant procès de presse connu sous le nom de : Procès Buloz François et Barbey-d'Aurévilly Jules, ou encore, affaire Barbey-Buloz, ainsi que dans l'affaire Baudin.

Monsieur Gambetta savait que sa patrie attendait beaucoup de sa valeur civique et qu'elle comptait sur son esprit d'entreprise.

Infatigable au travail, il n'hésita pas à mettre au service de tous son talent de tribun, par ses nombreux panégyriques répandus partout où il le pouvait, dans les assemblées populaires comme le faisait dans l'antiquité l'illustre Socrate ?

La presse devenue libre reproduisait dans ses colonnes ses appels pressants ; si bien que, en moins de deux semaines, Monsieur Gambetta avait pu enflammer les esprits, stimuler l'ardeur et l'énergie des bons citoyens de France.

Ses nombreux discours d'appel aux armes étaient reproduits par d'autres orateurs également de talent ainsi que par la presse de province qui portait les cris d'alarme, de secours jusque dans les hameaux les plus isolés du territoire.

A cette époque, le public n'ignorait pas en France que Monsieur Gambetta, dès le début des hostilités, en août 1870, avait été l'un des premiers patriotes à mettre son esprit d'initiative tout entière au service de la cause nationale, et qu'alors d'autres hommes de valeur l'avaient suivi dans la même voie du devoir et du sacrifice.

Vers cette époque néfaste, fin septembre 1870, La Lyonnaise, La Provence, La Bretagne et tout le vaste territoire situé au Sud de la Loire, jusqu'aux Pyrénées n'étaient pas inquiétés par l'envahisseur.

Alors il était donc possible de faire un nouvel appel à la jeunesse habitant ce territoire libre.

On ne l'oublia pas, et Monsieur Gambetta ne croyait pas qu'en frappant du pied cette terre, il en aurait pu faire sortir des Légions, ainsi qu'avait prétendu pouvoir le faire le grand « Pompée », avant qu'il fut vaincu par son puissant rival « César » à la mémorable bataille de Pharsale, en Grèce, 48 ans avant Jésus-Christ.

L'homme aux puissantes conceptions comptait sur d'autres moyens qu'il avait déjà préconisés. Sa puissante voix avait été entendue ; elle avait pénétré dans le cœur de nos méridionaux, ainsi que dans ceux des habitants de la vieille Armorique.

Sans perdre un temps précieux, les bons français, unis dans un même sentiment de patriotisme ardent coururent aux armes.

Les esprits agissaient et bientôt les services de recrutement, aidés des autorités départementales et communales commencèrent à faire appel aux nouvelles recrues qu'on centralisait sur divers points et avec lesquelles on formait des régiments, des brigades, des divisions, et des corps d'armée.

D'autre part, il était certain que les provinces citées plus haut étaient assez riches en hommes dévoués, en argent (nerf de la guerre), en énergie et aussi en éléments divers, indispensables d'ailleurs à la constitution d'une puissante armée de secours.

En conséquence, dans la première dizaine de novembre, la deuxième armée de La Loire, était en formation déjà avancée, et ses forces numériques allaient bientôt atteindre, vers le 20 du même mois, un effectif total de 200.000 hommes environ, avec 200 pièces de canon.

Pendant que les populations du midi, travaillaient

jour et nuit à préparer tous les matériaux indispensables, il existait dans la pensée des membres du gouvernement que, dès que cette nouvelle armée serait formée, elle serait amenée sur la Loire, et que son centre serait fixé vers Orléans.

Cette patriotique conception stratégique parut excellente, car, dans ce cas, les deux hypothèses suivantes se présentaient :

1° Si Paris ne pouvait être débloqué par les propres éléments militaires dont le gouvernement disposait dans la capitale ; les corps allemands ne pouvaient, sans courir risque, s'éloigner de la périphérie de Paris, et par conséquent aller renforcer les autres corps déjà faibles mais en position dans une partie de la Beauce.

2° Hypothèse : Si les troupes allemandes devaient rester en petit nombre dans la Beauce, la délégation à la guerre pouvait disséminer, dans la forêt d'Orléans, deux ou trois corps qui, sur un ordre donné auraient pu faire une soudaine apparition dans les plaines et disperser ou exterminer les diverses fractions des corps ennemis qui n'auraient pas eu la prudence de se retirer en temps opportun vers Etampes ou Paris.

A la nouvelle de la formation de la deuxième armée de La Loire, le grand Etat-Major allemand ne prit pas ombrage outre mesure, quoiqu'il savait qu'il ne pouvait pas être en force sur tous ces points à la fois.

Le gros de l'armée ennemie faisait toujours le siège de Metz, et les grands chefs du même Etat-Major ne pouvaient pas pronostiquer, au juste, sur la date à laquelle cette place tomberait au pouvoir de la Prusse. D'autre part, le blocus de Paris nécessitait l'emploi d'une armée de 250.000 hommes.

Nos ennemis ne devaient donc disposer vers cette époque que de 40 ou 50.000 hommes répartis dans la Beauce, mais qui avaient à faire face à toutes les attaques des français, susceptibles de se produire dans les débouchés de la Forêt d'Orléans, depuis Gien jusqu'à Blois.

Vers le 15 Septembre nos envahisseurs, inspirés par l'ambition tenace qui vient d'ailleurs à tous les vainqueurs pensèrent à étendre leur domination sur la Loire, mais ils semblaient pourtant convaincus que, quoique au tiers envahi, la France restait néanmoins maitresse de ses provinces du sud, qu'ils connaissaient assez riches en éléments indispensables à la création d'une deuxième armée de secours.

Dans sa large idéologie, le grand Etat-Major général allemand savait que les Français du passé, comme ceux du présent, étaient énergiques, pleins d'ardeur et aussi d'esprit d'initiative dont la preuve résidait dans la formation à la hâte d'une armée qui allait bientôt être imposante par son nombre.

Les chefs allemands vivaient alors dans la crainte de voir les Français qui, par de suprêmes efforts bien dirigés, pouvaient rejeter sur Etampes et même jusqu'à Paris, les faibles troupes prussiennes éparses dans la Beauce.

19 Septembre : A cette époque 810.000 ennemis foulaient la terre de France, et 350.000 étaient exercés et encadrés, prêts à franchir le Rhin.

CHAPITRE II

Paris souffrait toujours
Monsieur Gambetta part de Paris en ballon

Pendant qu'on stimulait par la parole et par la presse les organisateurs de la nouvelle armée et que les allemands prenaient de savantes dispositions pour renforcer leurs petits corps épars dans la Beauce, nos malheureux compatriotes parisiens qui savaient à peu près ce qui se passait à l'extérieur, dans le Midi, continuaient à souffrir de certaines privations au milieu de la ceinture de fer qui étouffait la capitale.

20 Septembre — On procédait à la formation du 15e corps qui eut pour chef le général de la Motte-Rouge.

Du 20 au 25 Septembre — Nouvelles dispositions allemandes.

Le grand Etat-Major, inquiet de l'activité mise par les français à la formation de la deuxième armée, et voulant se garder vers le sud — certain qu'il paraissait être de l'efficacité du siège de Paris, se décida néanmoins d'envoyer des renforts dans la Beauce afin de surveiller de plus près les agissements des français sur les deux rives de la Loire et s'emparer d'Orléans comme étant son objectif s'il le pouvait et si des évènements imprévus ne venaient pas mettre empêchement à ses convoitises.

27 Septembre — Les troupes françaises qui occupaient Orléans se retirèrent vers Blois, et leur chef le

général Polhès, alla établir temporairement son quartier général à Châteauneuf-sur-Loire, d'où il pouvait surveiller les deux routes de Gien et de Montargis.

Septembre, vers la fin. — Les troisième et quatrième armées allemandes s'installèrent solidement sur leurs positions d'investissement de Paris.

Vers cette même époque des renforts considérables — extraits de la première armée allemande — qui faisaient le siège de Paris arrivèrent en vue d'Etampes et s'emparèrent de cette ville sans défense et sans coup férir.

Ces troupes avaient amené à leur suite beaucoup de matériel de guerre ainsi que des provisions qu'elles déposèrent tant dans des immeubles requis que dans un vaste camp établi par elles.

Peu de temps après son arrivée dans cette ville, le chef de cette division très entendu en topographie sortit de la ville vers le sud, en compagnie de quelques-uns de ses officiers d'Etat-Major, et comme les plaines de la Beauce viennent confiner à Etampes, il put jeter un coup d'œil perspicace sur un horizon qui se déroule au loin dans la direction de l'ancienne « Cenabum » et de la Forêt d'Orléans.

Laissant vers Etampes des troupes en réserve, le général partit sans retard et suivit la route nationale de Paris à Orléans jusqu'aux environs de Toury, petite ville située sur la même route et sur la grande voie ferrée, là, il établit son quartier général et sa base momentanée des opérations futures.

Son aile gauche s'étendait à peu de distance sur la plaine, mais son aile droite se joignit aussitôt à la division de cavalerie que commandait le grand duc de Mecklembourg qui occupait déjà la contrée, celui-ci se mit sans retard en marche dans la direction d'Orgères et envahit la riche contrée située à l'ouest de cette petite ville et jusqu'au Loir ; menaçant ainsi Châteaudun et Vendôme.

Une autre division venant aussi d'Etampes et commandée par le prince Albrecht, vint occuper Toury, et avait pour mission de combattre les troupes françaises qui chercheraient à lui disputer le passage des routes. Mais trop faibles pour repousser les français déjà en position non loin de Toury, les allemands pouvaient néanmoins maintenir leurs positions aux environs de cette ville et surveiller d'assez près les armements en cours et les agissements de leurs ennemis.

Fin Septembre — Instruits de l'arrivée des Prussiens vers Toury, les français s'étaient hâtés d'occuper certaines positions voisines de cette ville.

Les belligérants se trouvaient donc pour ainsi dire en présence, et les premiers contacts allaient inéluctablement se produire sous peu. En effet, le 2 Octobre dans la matinée plusieurs petits combats et des escarmouches eurent lieu dans les environs de Toury, mais l'action ne s'engagea pas à fond car des deux côtés on craignait des surprises.

Pendant les premiers jours d'Octobre, le Prince Royal de Prusse qui commandait toujours la troisième armée sous Paris, constitua de nouveaux et forts détachements extraits de son armée et les fit conduire vers Etampes, puis vers Toury, avec mission pour ceux-ci de combattre vivement les français et de marcher sans retard sur Orléans.

Vers la même date, le grand duc et sa cavalerie se trouvaient, ainsi qu'il a été dit plus haut, assez éloignés à l'ouest de Toury. Ils portaient ainsi l'épouvante et l'émotion chez les populations si paisibles d'habitude de la grande contrée Beauceronne, menaçant toujours Châteaudun et Vendôme.

L'Affaire d'Ablis

Les 5 et 6 Octobre de nombreuses patrouilles de cavalerie ennemie parcouraient le territoire situé entre Saint-Cyr, Rambouillet et Limours. Le 7 au soir, un escadron du 16e hussards prussien et une compagnie Bavaroise étaient venus occuper le petit bourg d'Ablis (Seine-et-Oise). Le lendemain 8, vers 5 heures du matin des francs-tireurs venant de Denouville firent irruption dans le pays mal gardé et massacrèrent une partie des Allemands. Ils firent 70 prisonniers et capturèrent 95 chevaux.

Prévenu de ce gros combat nocturne par des hussards échappés au massacre, le général-major Von-Schmidt se mit en marche aussitôt vers Ablis, avec de nombreuses troupes ; mais à son arrivée il constata que les francs-tireurs s'étaient donné de l'air.

Ce général allemand accusa les habitants d'Ablis d'avoir aidé les francs-tireurs à combattre ses soldats, il frappa sans hésitation d'une contribution de guerre, la population de ce village et le fit réduire en cendres !

Tel fut l'acte épouvantable subi par la population laborieuse de la petite commune beauceronne.

Monsieur Gambetta part de Paris en ballon

Le 7 Octobre 1870 alors que le siège de Paris

était toujours effectif, M. Léon Gambetta ne pouvait plus respirer au sein de la capitale.

La tâche formidable qu'il avait assumée se trouvait paralysée ; aussi se décida-t-il d'emprunter l'air pur pour gagner les bords encore fleuris de la Loire.

Son audacieux projet fut mis à exécution, et le 7 Octobre le grand citoyen ainsi que son compagnon de lutte et de voyage, M. Spuller, montèrent dans le ballon « l'Armand-Barbès » qui s'éleva bientôt dans l'atmosphère froide et brumeuse de la cité assiégée.

Plus d'un million d'êtres humains suivirent de leurs yeux inquiets le vaisseau aérien.

Le voyage aérostatique fut hélas ! très mouvementé ; après mille péripéties d'inoubliable mémoire, les deux premiers ballons, sur les trois lancés, eurent une navigation heureuse, mais il n'en fut pas de même de celui qui portait les deux hommes d'Etat, sa situation parut même périlleuse pendant un moment. Ce fût alors que, voyant le danger, M. Gambetta jeta de sa main, par dessus bord, les paniers de provisions, les couvertures et tous les objets dont on pouvait se dispenser.

Le moment devenait palpitant d'angoisse, à tel point que M. Gambetta, voyant grossir le danger, s'écria : « Attention pilote, si tu ne portes pas César et sa fortune, tu portes Gambetta et avec lui l'espoir qu'il a de sauver ta patrie en danger. »

Pendant que les deux premiers ballons continuaient de s'éloigner dans une bonne direction, « l'Armand-Barbès » atterrissait dans les bois, près d'Epineuse (Seine-et-Oise).

Dans cette chute malheureuse mais historique les deux voyageurs, ainsi que leur pilote, Triquet, furent précipités dans les branches des arbres et dans les ronces qui amortirent la tombée de leurs corps sur le sol.

Dans cette aventure, nos deux grands patriotes eurent leurs vêtements, la figure et les mains rougis de leur sang généreux, qui coulait par les petites voies tracées sur la peau par les maudites ronces.

Mais ils n'avaient pas encore atteint le terme de leurs souffrances, car des uhlans avaient vu le ballon et le suivaient de près.

Heureusement qu'un paysan, homme courageux et fort louable, fit monter, sans perdre de temps, dans sa charrette les deux héroïques voyageurs et les conduisit jusqu'à Montdidier, d'où ils purent gagner Amiens et Rouen, puis Tours où ils arrivèrent le 9 Octobre.

Les émotions et les fatigues subies par les deux grands citoyens les avaient réduits à l'état de demi-squelettes. Ils revinrent heureusement à la santé après qu'ils eussent reçu les soins d'un entourage digne de la sympathie et de la reconnaissance nationales.

CHAPITRE III

Combat d'Artenay. — Bataille de Coulmiers

Craignant de n'être pas en force suffisante dans les environs de Toury, mais voulant néanmoins se venger des petits échecs subis par eux dans les environs de cette ville; les Prussiens attendirent, puis reçurent encore de nouveaux renforts venant d'Etampes.

Le 8 Octobre, le général Von-der-Tann, commandant le premier corps bavarois de la troisième armée allemande, arrivait à Etampes avec des forces imposantes, et se mettait en marche le lendemain vers Orléans Mais sur son chemin il eut à livrer, le 11 Octobre, le mémorable combat d'Artenay, auquel répondirent avec héroïsme, nos jeunes soldats de la première armée de la Loire ; mais malgré leurs multiples efforts bien dirigés, ils ne purent s'opposer à l'occupation de cette petite ville par les Bavarois.

Le combat d'Artenay nous fut d'autant plus inutile que nous y perdîmes 900 hommes, tués, blessés ou faits prisonniers et que nous ne pûmes retarder l'arrivée des Allemands à Orléans.

Artenay n'étant qu'à 14 kilomètres d'Orléans, le général bavarois continua sa marche et prit possession de cette ville le même jour.

On n'a pas oublié que la vieille cité du centre de la Gaule était une ville ouverte, nullement protégée par aucun ouvrage de défense.

En conséquence, rien ne put donc empêcher l'armée ennemie de pénétrer dans ses murs, elle y entra le 11 Octobre 1870 vers sept heures du soir. L'antique Cenabum tombait au pouvoir des Germains.

L'histoire de cette ville doit contenir une page peu élogieuse pour la mémoire du général bavarois qui, maître incontesté, ayant sa revanche des échecs antérieurs, se montra irréductible, impitoyable même à l'égard des Orléanais, en faisant mettre le feu aux faubourgs des Aides, de Bannier et de Saint-Jean, préalablement pillés.

La population de cette ville ainsi que celle du département tout entier en furent terrifiées !

Cette triste nouvelle fut vite connue à Paris, toute la France vivait alors dans une indicible inquiétude quoiqu'on venait d'apprendre que le 7 Octobre, M. Gambetta était parti de Paris en ballon et qu'il avait rejoint à Tours, ses collègues du gouvernement de la défense nationale.

11 Octobre. — La prise d'Orléans coûtait aux Allemands 800 hommes tués ou blessés.

Les Français perdirent 700 hommes tués ou blessés ; 1.800 prisonniers ; 500 fusils ; 10 locomotives et 50 wagons.

Dans cette affaire les contingents que les Français opposèrent aux bavarois, étaient certes trop faibles pour résister aux vieilles troupes aguerries de Von-der-Tann.

Vers le 10 Octobre, on procédait au sud de la Loire à la constitution des 17e, 18e et 20e corps de la deuxième armée de la Loire, et vers cette même époque on formait aussi les 21e et 22e corps.

On croyait pouvoir disposer, ainsi, de 600.000 unités de combat vers le 20 ou 22 novembre.

Nouveaux préparatifs militaires avant la bataille de Coulmiers

10 Octobre. — Le général d'Aurelle-de-Paladines, qui s'était retiré d'Orléans au moment de l'arrivée des Bavarois dans cette ville, se dirigeait avec ses troupes vers l'ouest d'Orléans et cherchait à couvrir avec les forces dont il disposait, le territoire situé entre Orléans et Blois afin de disputer les passages aux Allemands qui tenteraient de percer ses lignes et menacer s'ils le pouvaient la route de Tours où était établi le siège du gouvernement français.

Du 12 Octobre au 9 Novembre, les belligérants s'employèrent à faire des études stratégiques de la plus haute importance ; ils procédaient aux placements et déplacements continuels des troupes, ce qui donna lieu, dès l'arrivée des Bavarois de Von-der-Tann, à des combats et escarmouches d'avant-garde, souvent renouvelés mais toujours sans résultat appréciable.

Autres Opérations

Vers le 15 Octobre, nos mobiles qui étaient chaussés de sabots pour la plupart, et vêtus de blouses, reçurent d'autres vêtements en laine pour l'hiver qui allait bientôt les éprouver.

18 Octobre — Pendant que les Français et les Allemands manœuvraient de façon à préciser l'emplacement où devait se livrer la bataille de Coulmiers, le corps que commandait le grand duc de Mecklembourg, s'approchait le 18 Octobre, de la ville ouverte de Châteaudun à laquelle il fit subir un furieux bombardement qui la détruisit d'un tiers.

Ses rues et ses places furent jonchées de débris de toute nature ; les cadavres s'y entassaient par centaines.

A moitié incendiée, la ville tomba le même jour au pouvoir de l'ennemi.

9 Novembre. — Le général de Tann, s'était décidé d'évacuer Orléans dans la nuit du 8 au 9, laissant un régiment pour garder ses ambulances et quelque matériel. Il se mit aussitôt à la poursuite du général d'Aurelle, afin de jeter la confusion dans ses rangs, détruire ses plans et lui couper s'il le pouvait sa retraite vers Blois.

Depuis quelques jours le commandant de la première armée de la Loire, avait reçu des renforts, puis, à la suite de nombreux tâtonnements de part et d'autre, nos généraux avaient fini par concentrer leurs forces dans les environs de Coulmiers, petite commune de 400 habitants, située à 12 kilomètres à l'ouest d'Orléans.

9 Novembre.— La bataille de Coulmiers commencée à 8 heures du matin ne prit fin qu'avec la nuit.

A l'issue de la bataille, et même bien avant, le général de Tann, craignant d'avoir à combattre le lendemain la division Martin-des-Paillères, qui arrivait de Gien, se décida d'abandonner la partie et commença sa retraite ; il mit son corps d'armée en marche sur Patay et Artenay pour gagner ensuite Toury qui le rapprochait d'Etampes, où se trouvait sa base de ravitaillement.

Les généraux qui commandaient à Coulmiers, furent pour la France : d'Aurelle-de-Paladines, Chanzy, et l'amiral Jauréguiberry ; pour l'Allemagne, Von-der-Tann.

Le général bavarois commandait à 24,000 hommes et 110 pièces d'artillerie.

Les généraux français commandaient à un effectif plus nombreux il est vrai, soit à 75.000 hommes ; mais il n'y eut que 50.000 combattants d'engagés avec 150 pièces de canon ; troupes et canons appartenaient à la première armée de la Loire.

Nos troupes composées pour la plupart de nouvelles recrues n'étaient pas aguerries.

Dans la soirée du 9, le régiment bavarois resté à Orléans, avait reçu l'ordre, vers 4 heures du soir d'évacuer la ville et de prendre la direction d'Artenay, ce qu'il fit

Après la bataille, les bavarois étaient épuisés de fatigues et à bout de munitions.

Pendant cette longue lutte, si les généraux français eussent pu mieux manœuvrer, le corps du général bavarois n'aurait point échappé au désastre qui l'aurait infailliblement anéanti.

Pendant la nuit du 9 au 10, nos malheureux soldats, affamés et exténués couchèrent au bivouac, dans la boue et sur la neige qui tombait. Les souffrances qu'ils endurèrent sont comparables à celles que subirent en Russie en 1812 et 1813, les débris épars, mais héroïques de la grande armée qui fut hélas, une des dernières forces militaires de l'épopée Napoléonienne.

11 Novembre — A la bataille de Coulmiers il y eut pour les deux parties près de 2,000 hommes tués ou blessés ou mis hors de combat.

Le même jour, la ville d'Orléans, que venait d'évacuer un régiment bavarois, fut réoccupée par les troupes du général d'Aurelle. Les effectifs qui rentrèrent dans cette ville, furent :

La division Martin-des-Paillères, le corps du général Faye, ainsi que les volontaires de M. de Cathélineau.

Vers le 12 Novembre, les bavarois du général de Tann, mis en retraite le 11 prirent contact le 12 ou 13 avec le corps d'armée du grand duc dans les environs de Patay.

Vers le 13 ou 14 le général Von-der-Tann continua sa retraite, et après avoir passé par Patay et Artenay, il atteignit Toury, et reçut là, de nouveaux renforts d'Etampes.

Vers le 16, pendant que le général de Tann, laissait prendre à ses troupes vers Toury quelque repos bien mérité, les belligérants, pendant quatre ou cinq jours, se livrèrent à des tâtonnements ayant pour but, d'étudier les emplacements et les mouvements des diverses unités.

Tentative de reprise d'Orléans par les Français

On savait que les forces ennemies occupant Orléans, sous les ordres de Von-der-Tann, paraissaient très faibles en comparaison des forces françaises à peu près disponibles. Cette situation ayant été étudiée, le général d'Aurelle, ainsi que M. de Freycinet, délégué à la guerre, se décidèrent à tenter la reprise d'Orléans sur les bavarois ; l'attaque fut arrêtée pour le 31 Octobre, mais ce qu'on n'avait pas prévu suffisamment, c'est qu'il fallut cinq jours pour amener nos troupes près d'Orléans quoiqu'elles fussent non loin de la ville.

Les trains sur les voies encombrées ne pouvaient se mouvoir ; pour comble de malheur l'ennemi avait été informé des mille détails de nos mouvements. L'État-major de l'armée de la Loire prit peur et l'attaque fut contremandée.

Dans cette circonstance la prudence dut nous être profitable.

---

27 et 28 Octobre — Capitulation de Metz

Aussitôt après la désastreuse reddition de Metz, le prince Frédéric Charles commandant la deuxième armée allemande, s'était mis en marches forcées, le 1er Septembre.

Il dirigeait ses colonnes vers Paris, mais en cours de route il jugea prudent de conduire une partie de ses forces sur la Loire.

La présence de ce prince en Beauce fut signalée vers le 12 ou 14 Novembre ; ce fut vers ces dates que ses premiers corps pénétrèrent en Beauce et dans le Gâtinais.

La ville de Pithiviers était déjà occupée vers la fin d'Octobre par la 4e division de cavalerie prussienne que commandait le Prince Albrecht (père).

Vers le 17 Novembre c'était de Toury et de Voves que les Prussiens observaient l'ouest, et le sud vers Orléans.

On frémit encore d'horreur, 38 ans après, en se remémorant que pendant le court arrêt des hostilités (vers le 18 Novembre), chacun des adversaires fit exécuter par ses troupes nombre de mouvements et de déplacements: on cherchait dans la Beauce des emplacements susceptibles de devenir éventuellement le théâtre de futurs champs de bataille !

Du 18 au 20 Novembre — Pendant le court séjour que firent vers Toury, les généraux de Tann et le grand Duc, ceux-ci avaient, outre leur mission journalière, à faire surveiller les routes de Tours, par Orléans, La Flèche, et le Mans, par lesquelles des forces françaises pouvaient s'acheminer et les menacer.

Vers le 20 et 22 Novembre — L'effectif des trois corps de la deuxième armée ennemie en Beauce et dans le Gâtinais était de 50.000 fantassins, 10.000 cavaliers et 270 pièces d'artillerie.

21 Novembre — Les corps de la deuxième armée de la Loire étaient à peine formés ; ils n'occupaient guère que Bourges, Gien et les environs d'Orléans, ne dépassant pas Artenay sur la route de Paris.

Vers cette époque, l'invasion de la France était telle qu'on peut dire que le vaste territoire situé de Wissembourg à Toury, avec Vendôme, Chartres, Dreux et tant d'autres villes était littéralement couvert de troupes ennemies et françaises.

La mobilité de ces troupes était constante.

26 Novembre — La jonction du corps d'armée du grand duc avec la deuxième armée que dirigeait le Prince Charles eut lieu à cette époque aux environs de Toury, de Janville et d'Autarville, quelques jours seulement après l'arrivée de ce Prince dans la Beauce.

DEUXIÈME PARTIE

CHAPITRE I

Paris souffrait du siège
Arrivée à Montargis du dixième corps Prussien
Situation des évènements au 18 Novembre

Depuis deux mois Paris souffrait des rigueurs du siège qui paralysait tous les rouages de sa vie habituelle. La population subissait déjà certaines privations ; or, toutes les voies de pénétration avaient été soigneusement interceptées par les assiégeants qui ne laissaient parvenir aux assiégés aucun aliment, ni correspondance.

Quant à nos provinces déjà citées, elles étaient foulées par de lourds canons et caissons ainsi que par les bottes de nos ennemis.

La population parisienne persévérait toujours ; elle disait que l'histoire de la grande ville n'était que momentanément paralysée et que sa Gloire acquise pendant les siècles disparus subissait un moment d'arrêt mais qu'elle ne pouvait périr.

Sous le poids de ses malheurs et de ses souffrances, Paris avait au fond de son cœur généreux conservé l'espoir que les enfants du midi de la France, viendraient, après avoir fait reculer les Allemands jusque sous ses murs, lui tendre une main fraternelle et l'aider à briser le cercle d'investissement au sein duquel il s'anémiait.

Hélas ! les conjectures nées dans l'âme des parisiens

ne devaient point se réaliser puisque la soumission de la grande ville à l'ennemi fût un fait accompli le 28 Janvier 1871.

Tout le faisceau d'espérance sombrait dans sa ruine comme une épave battue par les flots.

L'histoire de Paris restait tachée d'une page remplie de souvenirs mémorables et pleine aussi d'un deuil qui fut lent à disparaître.

Autres conjectures parisiennes et nationales

Paris, ainsi que toute la France, savaient que la deuxième armée de la Loire, forte de plus de 200,000 hommes allait sous peu entrer en action et tenter par de suprêmes efforts de débloquer Paris par le sud. Aussi, tous les français nourrissaient-ils l'espoir d'apprendre sous peu la défection de la deuxième armée allemande qui occupait le territoire situé entre la forêt d'Orléans et celle de Fontainebleau.

Les français, supérieurs en nombre pourraient, disait-on, refouler facilement sur Paris les corps Prussiens qu'attaquerait de face l'armée du général Trochu. Après avoir forcé les lignes d'investissement on pourrait donner la main au généralissime de l'armée de la Loire et obliger par la suite l'ennemi à lever le siège de Paris.

Telles étaient les espérances de la France tout entière vers le 20 Novembre 1870.

Vers cette même époque tout ce qu'il y avait de penseurs dans notre pays n'oubliaient pas la triste situation de la Patrie en 1792, alors que la France, sous la Convention avait à faire face à une puissante coalition étrangère dont l'une des armées fut battue à Jemmapes le 6 Novembre 1792. A la suite de sa honteuse défaite, l'armée autrichienne fut forcée de repasser le Rhin, après n'avoir pu résister aux furieux assauts des jeunes soldats improvisés de Dumouriez, de Kellermann et du duc de Chartres.

Autre cloche autre son

Vers le 18 novembre.— Dans l'esprit du grand Etat-Major Allemand il se dégageait des impressions de la plus haute importance pour ses intérêts, au sujet des évènements dont le terme approchait.

Ce fut au sein de ce conseil qu'un membre éminent prit la parole :

« Nous savons que les parisiens et nombre de français fondent beaucoup d'espoir en ce qui concerne la levée du siège de Paris par nos armées.

« Leur espérance, n'est pour nous que problématique et que rêveries, car nos troupes assiégeantes n'abandonneront pas leur proie ni leur mission ; et si les Français croient le contraire leurs pensées ou croyances ne sont que chimères et par conséquent irréalisables.

« Nous saurons tenir bon et ferme le blocus de Paris que nous avons scientifiquement résolu et stratégiquement exécuté. »

Ce même Etat-Major n'ignorait pas non plus que les corps de la deuxième armée de la Loire étaient presque tous formés, et allaient bientôt commencer leurs mouvements de concentration et prendre l'offensive.

Nos ennemis, sans être certains du succès possible de nos armes, ne doutaient pourtant pas que les corps de la nouvelle armée française présentaient, dans leur ensemble, un effectif bien supérieur à celui de leurs troupes cantonnées en Beauce et vers Montargis. Puis, enfin, les nouvelles forces françaises ne pouvaient que causer de sérieuses inquiétudes à l'état-major ennemi qui s'écria tout à coup : « Nous allons être bientôt forcés d'accepter le combat qu'on va nous présenter, et comme la fortune des armes est souvent aléatoire, nous devons, par mesure de prudence, nous retrancher derrière les trois hypothèses que voici :

« 1° Si nos troupes ne peuvent être victorieuses dans les environs de Pithiviers où semble se dessiner d'ores et déjà le théâtre d'une action sérieuse eh bien nous opérerons notre retraite sur Paris par Etampes.

« 2° Si nous devons être repoussés du Gâtinais, nous opérerons notre retraite sur Fontainebleau par Malesherbes ou Nemours, suivant les circonstances ; et si nous devions être pressés par l'ennemi vers Fontainebleau, nous ferions appel à des renforts qui sont en observation à l'est de Paris, vers Meaux.

« 3° Mais si nous devons être victorieux sur tous les points, nous hâterons la défection des Français en jetant nos forces sur la Loire, depuis Gien jusqu'à Orléans, tout en cherchant à pousser une pointe sur Blois et marcher sur Tours, si cela nous est possible, pour forcer le gouvernement français à fuir de cette ville. »

On était au 21 Novembre. Or, quelques jours plus tard, de nouvelles hostilités allaient se produire entre les corps du prince Charles d'une part et ceux du général d'Aurelle d'autre part.

Depuis quelques jours le prince Frédéric se tenait en

observation vers Toury, sur la route d'Orléans, face à la forêt, avec la majeure partie de son armée ; son aile droite s'étendait à l'ouest d'Orgères et son aile gauche occupait Pithiviers, Boynes, Beaune-la-Rolande et Montargis, soit 80 kilomètres environ.

De son quartier général de Toury, le prince pouvait se faire renseigner et donner des ordres, heure par heure, sur les mouvements opérés chaque jour par les français dans les environs d'Orléans et par les débouchés nord de la forêt par lesquels on pouvait communiquer d'Orléans avec Beaune-la-Rolande, Pithiviers et le Gâtinais.

22 Novembre. — Les contingents de l'armée de la Loire se trouvaient, pour une partie, dans les environs d'Orléans, et l'autre partie prenait position au nord de la forêt.

Ses forces numériques présentaient à cette date, un effectif de 220.000 hommes, avec 250 pièces d'artillerie.

22 Novembre.— Les dix-huitième et vingtième corps dont la formation était terminée, commençaient à prendre position sur divers points stratégiques de la lisière nord de la forêt et ce fut aussi ce même jour que le général Des Paillères recevait l'ordre de se porter avec 30,000 hommes, à Chilleurs-aux-Bois, et de s'y maintenir.

23 Novembre. — Le prince Charles, avait ordonné sur tout son front des reconnaissances destinées à lui fournir des indications précises sur les positions occupées par les Français.

Le même jour le prince allemand n'était pas sans avoir quelque souci pour l'avenir, il savait que la nouvelle armée française occupait déjà la rive droite de la Loire, depuis Gien jusqu'à Orléans, et que, comme avant-postes, les dix-huitième et vingtième corps se concentraient vers Bellegarde et Boiscommun. Il savait aussi qu'il allait avoir à combattre sous peu, une armée supérieure, numériquement, à la sienne.

Il craignait que son aile gauche ne fût forcée vers Beaune, que son centre ne fût obligé de se replier vers Pithiviers, dans cette seconde hypothèse, la deuxième armée aurait été amenée à prendre forcément contact avec le grand duc qui commandait son aile droite.

Telles étaient, le 23 Novembre, les préoccupations qui hantaient l'esprit du général allemand.

Historique du vingtième corps, et sa seconde formation

Nous allons nous occuper maintenant plus particulièrement du vingtième corps, général Crouzat, attendu que ce seront ses fractions qui combattront à Ladon, Maizières, Fréville, Juranville, Lorcy et Montbarois.

Le vingtième corps déjà formé d'éléments de valeur douteuse, donc inférieure, venait de combattre dans les Vosges, et sur la Saône ; le commandement venait d'en être confié au général Crouzat. Celui-ci reçut l'ordre d'embarquer à Lyon, la plus grosse partie de ses troupes pour les transporter à Gien, sur la Loire. Il obéit, mais comme rien n'avait été préparé pour transporter 40.000 hommes, l'opération s'accomplit dans des conditions fâcheuses ; ces troupes arrivèrent à Gien le 19 Novembre après avoir passé trois jours en chemin de fer.

L'état de nos jeunes soldats amenés sur la Loire laissait beaucoup à désirer, car ils étaient déjà bien fatigués d'avoir tenu la campagne depuis deux mois. En outre, ils étaient mal équipés, mal nourris et manquaient de cadres.

Nos malheureux soldats étaient vètus de blouses, et avaient pour la plupart les pieds enveloppés de peaux de mouton ; l'hiver approchait suivi de son cortège de misère, de maladies de toutes sortes.

Le général Crouzat s'était inspiré de son courage, de son activité et aussi de son dévouement à la patrie ; qualités qui caractérisaient bien le tempérament militaire de ce général qui s'était employé avec une ardeur fiévreuse à activer à Lyon la réorganisation complète du vingtième corps.

Tàche qui fut, hélas ! ardue pour lui et ses collaborateurs.

22 Novembre. — On décida d'opérer sur la gauche ennemie ; nos troupes de l'aile droite furent désignées ; c'est-à-dire que les vingtième et dix-huitième corps et une division du quinzième durent entrer en scène.

Je crois procurer une petite satisfaction à mes Ladonnais en leur disant que le récit suivant sur l'arrivée à Montargis du dixième corps prussien, les 21 et 22 Novembre, est rédigé à l'aide de documents que j'ai pu me procurer à Ingolstadt, Haute Bavière, en Décembre 1870 ; je me suis fait scrupule de les conserver jusqu'à ce jour.

Voici d'ailleurs la reproduction de ces documents auxquels j'ai du faire subir quelques corrections :

Le dixième corps allemand venait de Metz par Chaumont, Langres et Joigny, par où il devait se rendre à Gien ; mais en cours de route, un ordre enjoignit au chef de ce corps le général Voigts-Rhetz, d'aller occuper Montargis. Il continua sa marche par

Châtillon-sur-Seine et arriva à Montargis les 21 et 22 Novembre.

En effet, le 21 vers 10 heures du matin, les premières têtes de colonnes allemandes parurent en vue de Montargis, puis une demi-heure plus tard cinq cavaliers pénétrèrent dans la ville et reconnurent qu'il n'y avait pas de troupe.

Montargis étant une petite ville ouverte et sans défense, nos ennemis l'occupèrent sans coup férir; en quelques minutes ce fut chose faite. Ils firent fermer toutes les issues avec défense expresse de laisser sortir personne.

Une dizaine de canons furent immédiatement mis en position sur l'emplacement de l'ancien château fort de la ville, position élevée dominant immédiatement la petite cité.

Le lendemain 22, de nombreuses troupes du même corps arrivèrent encore à Montargis, ce qui portait l'effectif de ce corps d'armée à 22,000 hommes, composée pour la plus grosse partie, de Hanovriens, 48 canons composaient l'artillerie du corps.

Il y avait aussi un grand nombre de voitures de train ainsi que des équipages de ponts.

Les soldats logeaient chez les habitants.

Il y avait plusieurs postes dans la ville et les grand-gardes étaient établies à 2 kilomètres.

CHAPITRE II

Concentration vers Bellegarde — Combat de Ladon

23 Novembre. — Le général Crouzat était envoyé entre Beaune et Juranville, et le dix-huitième corps recevait l'ordre de se porter à Gien pour y terminer sa formation. Le même jour le général Crouzat, au lieu de pousser jusqu'à Beaune-la-Rolande reçut l'ordre de prendre position entre Bellegarde et Boiscommun, en occupant Ladon et Maizières avec ses avant-postes. On devait attendre sur ces points l'ordre de pousser plus en avant.

23 Novembre. — Quelques troupes prussiennes d'avant-garde, venant de Montargis et se dirigeant vers Beaune, passèrent à Ladon, où il n'y avait pas de troupe française.

23 Novembre. — La veille du combat de Ladon, les principaux chefs de la deuxième armée de la Loire, ainsi qu'une partie de la population en France, ne se faisaient pas d'illusions sur la valeur physique et morale de notre armée, car l'on savait que les corps avaient été formés avec des éléments hétérogènes assez peu destinés hélas ! à la constitution d'une armée solide.

Toutefois, en cas de succès possibles, les français avaient pour objectif de refouler sur Paris, tous les corps allemands qui leur seraient opposés ; maîtres de la route de Paris, ils marcheraient au plus vite sur la capitale, près de laquelle on donnerait la main au général Trochu, qui aurait, au préalable forcé, les lignes d'investissement en utilisant ses 150,000 combattants.

Quelques considérations sur la deuxième armée de la Loire

Le moral des troupes était un peu douteux, ses qualités militaires discutables, sauf ses cadres assez maigres d'ailleurs.

Les jeunes soldats de cette armée de 200,000 hommes venaient d'être subitement arrachés, pour ainsi dire, du sein de leurs familles aimées ; ils avaient abandonné leurs charrues, leurs champs encore fleuris ; l'atelier, l'usine, le magasin pour courir aux armes.

Les mœurs douces, la vie paisible des champs, les traditions familiales, tout cet héritage de douce quiétude et d'humanité qu'ils tenaient de leurs vénérés ancêtres, il leur fallut abandonner cette existence pour marcher au combat. Et, pour comble de malheur, l'hiver rigoureux et prématuré de 1870 vint éprouver d'une façon impitoyable nos jeunes soldats trop mal vêtus.

Nos enfants de France avaient déjà subi quelques intempéries en Octobre et Novembre mais ce n'était jusque là, que des avant-coureurs, car l'hiver redoutable marchait à pas de géant sur nos jeunes combattants, mal chaussés quoiqu'ils eussent à marcher sur des terres détrempées par les pluies quotidiennes ;

ce qui rendait encore plus pénible le port du sac lourdement chargé.

23 Novembre. — On se trouvait à la veille des hostilités qui allaient se produire sur la terre du Gâtinais; il était vraiment pénible de savoir que nos troupes n'étaient pas encore toutes sur leurs positions respectives.

Les causes principales des retards apportés dans les mouvements de concentration avaient leurs origines dans les faits suivants :

Les plans soumis par le général d'Aurelle, à M. de Freycinet, n'étaient que rarement acceptés par le délégué à la guerre et d'autre part les plans du même délégué étaient, eux aussi, longuement discutés et souvent non acceptés par le général en chef.

Quant aux chefs de corps, ils perdaient un temps précieux devant l'ennemi, à discuter, à méditer sur les ordres reçus, qu'ils n'exécutaient pour la plupart du temps que d'une façon incomplète.

Tels étaient les faits très regrettables qui se produisaient entre le généralissime de la deuxième armée de la Loire et le délégué à la guerre.

23 Novembre. — Je dois avouer à mes lecteurs que le récit qui va suivre sur le combat de Ladon et ses suites sera édifié à l'aide de renseignements que j'ai pu recueillir auprès de certains habitants de Ladon, lors de mon retour dans mon pays natal, en août 1871.

Malgré la bonne foi toute sincère et l'honorabilité de mes intelligents compatriotes, je dois néanmoins dire que je fus, sur certains points non précisés, un peu scrupuleux, et par suite forcé de modifier le résultat de mon enquête primitive.

Avant le combat de Ladon
Départ de Montargis du dixième corps allemand

Dans la matinée du 24 Novembre, une grande animation se manifestait parmi les forces ennemies. Des éclaireurs avaient été envoyés la veille dans plusieurs directions. Dès la pointe du jour le général Voigts-Rhetz avait mis en marche précipitamment la plus forte partie du dixième corps qui devait aller cantonner dans les environs de Beaune-la-Rolande, laissant à Montargis une fraction assez imposante pour occuper la ville et surveiller les directions de Lorris-Gien et Fontainebleau.

La trente-neuvième brigade et l'artillerie de corps, marchaient par Pannes et Corbeilles-du-Gâtinais, sous les ordres du colonel de Valentini.

La trente-septième brigade forte de 7 ou 8,000 hommes, sous le commandement du général de Woyna, marchait sur Ladon et Maizières.

De Montargis, vers 11 heures du matin, le canon se faisait entendre dans la direction de Ladon, ce qui causait de vives inquiétudes bien légitimes aux troupes ennemies restées dans cette ville, ainsi qu'aux habitants de l'ancienne « *Mons-Argisium* ».

Dans la soirée du 24 des estafettes revenant de Ladon et allant à Montargis précédaient des voitures de blessés.

En se retirant de Montargis, l'ennemi avait emmené prisonniers, le sous-préfet, M. Charbonnier, ainsi que deux notables habitants, MM. Léorier et de Vaublanc. On les retenait comme otages.

Le même jour, vers 9 heures du matin, la brigade

de Woyna, arrivait en vue de Ladon ; elle fit halte à hauteur de Villemoutiers, observant là l'arrivée possible des français.

Présumant que le corps ennemi, allait sans retard, partir de Montargis pour se diriger vers Beaune ou Pithiviers, le général Crouzat qui était vers Bellegarde, avait, dans la matinée du 24, formé une colonne de 1,400 hommes, composée d'un bataillon du quarante-quatrième de marche, d'un bataillon de mobiles de la Loire, d'une compagnie de francs-tireurs du Doubs, et d'une section d'artillerie.

Cette troupe fut mise en marche vers 8 heures du matin, en deux colonnes, la première marchait sur Ladon, par la route nationale ; et la deuxième par Auvilliers, d'où elle devait se diriger ensuite vers Ladon.

Pendant ce temps, le général de Woyna, voulant s'éclairer vers Bellegarde, envoya une reconnaissance de ce côté. Aussitôt deux uhlans partirent en éclaireurs et s'avancèrent jusqu'à 3 kilomètres environ à l'ouest de Ladon.

Leurs investigations ne leur avaient pas permis d'apercevoir la colonne en marche sur Auvilliers, mais, malgré la légère brume du matin, ils purent découvrir au loin, sur la route droite et plate, une troupe à pied, en marche sur Ladon.

Dès qu'ils eurent la certitude qu'une colonne venait sur Ladon, les deux uhlans firent demi-tour, puis, au galop de leurs montures, ils allèrent rendre compte de leur mission.

Pendant ce temps la troupe française approchait toujours de Ladon à une allure véritablement impressionnante. Les officiers qui commandaient cette troupe s'informaient auprès des paysans qu'ils rencontraient sur la route, et notamment auprès de mon frère Victor Gauthier, qui était âgé alors de 14 ans, des emplacements que les Prussiens devaient occuper vers Ladon.

A propos du premier contact armé dont la terre du Gâtinais allait bientôt servir de théâtre, on eut, comme partout ailleurs, à déplorer de n'être jamais suffisamment renseigné sur les positions qu'occupaient nos adversaires.

Attaque des deux uhlans

Toujours au galop de leurs chevaux, les deux uhlans allaient bientôt passer à nouveau dans Ladon, lorsqu'arrivés à 400 mètres du bourg, en face la façade nord du château de la famille Grenet, situé en bordure de la route, un groupe de francs-tireurs qui se tenait dissimulé dans un bois-bosquet du château, situé aussi en bordure de la route, fit tout à coup une décharge de mousqueterie sur les deux uhlans.

Dès le début du combat un cheval fut atteint et mourut où il venait d'être blessé, quant à son cavalier il fut aussi atteint mais je n'ai pu savoir si sa blessure eut des conséquences fatales ; l'éclaireur non atteint par les balles, prit la monture valide, aida son camarade à se maintenir près de lui, activa l'allure de son cheval, franchit le bourg et deux minutes plus tard rendait compte à ses chefs de l'aventure.

La colonne française toujours en marche avait entendu le bruit de la fusillade ; elle hâta sa marche afin de porter des secours ; mais, arrivée sur le lieu où venait de se dérouler l'action des francs-tireurs, elle ne trouva près du château ni ennemi, ni francs-tireurs ; ceux-ci avaient disparu.

Avant que le uhlan ne lui eut apporté la nouvelle de sa mission, le général de Woyna, avait fait mettre, vers 10 heures, deux batteries d'artillerie en position offensive sur la petite éminence de Pâturange près de la ferme du même nom.

En outre, deux bataillons d'infanterie furent déployés en avant de la colonne et prirent position en tirailleurs, face à l'ouest et en vue de Ladon. Les soldats se garantissaient de leur mieux, partout où la nature du sol plat offrait un abri.

Arrivée de la colonne française

Continuant son allure, la colonne française s'engagea dans la rue principale de Ladon, qu'elle parcourut en quatre minutes. Nos soldats eurent aussitôt à regretter leur trop grand élan, car, nullement renseignés sur les positions déjà occupées par l'ennemi, ils furent aperçus de celui-ci ; les acteurs des deux camps allaient entrer en scène.

CHAPITRE III

Début du Combat de Ladon
L'Action de l'Artillerie allemande. — Retraite des Français
Avant l'Action

Quant aux officiers français qui avaient pu apercevoir la première ligne prussienne, ils firent, eux aussi, déployer en tirailleurs, à l'est de Ladon, leurs soldats qui se dissimulèrent de leur mieux, derrière les haies vives, dans les vergers, dans les vignes, partout où la nature leur offrait quelque abri.

L'action allait s'engager et nos officiers ignoraient complètement qu'ils avaient devant eux, une colonne ennemie forte de 7 ou 8,000 hommes, qui était en arrêt de marche, couvrant la route de Montargis, depuis Pâturange jusqu'à Saint-Maurice, soit cinq kilomètres.

Les premiers coups de feu

Il était 10 heures et demie du matin lorsque s'échangèrent les premiers coups de fusil. Nos braves et jeunes soldats firent bonne contenance devant les vieux soldats hanovriens.

Nos officiers, dans un patriotique élan, savaient stimuler l'ardeur et le courage Gaulois de leurs inférieurs.

De part et d'autre la fusillade continuait intense,

et le sang généreux et jeune commençait à se répandre sur les sillons tracés par nos pères ! !

Bientôt la première ligne ennemie perdit du terrain ; elle se retira un peu en arrière laissant sur le sol froid et humide quelques-uns des siens : ils ne devaient plus jamais respirer le parfum des roses des bords enchanteurs du Rhin ou de la Sprée.

Comme nos tirailleurs menaçaient la droite ennemie vers le hameau des Arlots, le général de Woyna, fit avancer sur ce point trois bataillons extraits du gros de sa colonne, et ce fut alors que commença une nouvelle fusillade plus intense que la première à laquelle nos soldats répondirent par des prodiges de valeur. Ils firent mille efforts pour conserver leurs positions ; ils purent se maintenir encore pendant quelque temps et résister à la fusillade nourrie des Hanovriens, mais, bientôt, ils furent contraints de céder le terrain à l'ennemi très supérieur en nombre.

A ce moment, notre aile gauche dût effectuer sa retraite sur Ladon, tout en tirant quelques coups de feu sur l'ennemi qui la poursuivait âprement à travers les vignes et jardins situés au nord de Ladon.

Durant la deuxième phase du combat, l'artillerie prussienne déjà en position à Pâturange ainsi qu'il a été dit plus haut, ouvrit le feu, et en quelques minutes elle cribla d'obus les maisons, les rues et les places de Ladon.

C'était bien, hélas ! le moment psychologique du combat, puisque soldats et citoyens étaient exposés au même danger.

Au début de l'action, notre aile droite avait pris position au sud du bourg, sur la route de Lorris, près de la tuilerie. De ce côté, nos soldats qui s'étaient dissimulés et dans les habitations abandonnées le matin et dans les jardins et derrière les haies, tiraient sans courir beaucoup de danger sur l'ennemi auquel ils firent subir des pertes relativement sérieuses.

Mais au moment où l'artillerie fut mise en action, notre aile droite, qui ne recevait pas de renfort, souffrait énormément; elle, aussi, dùt se retirer vers le bourg dans lequel elle pénétra dès que l'artillerie eut cessé le feu.

Un certain nombre de soldats de cette même aile, pour échapper au danger, eurent la prudence de ne pas pénétrer dans le bourg; ils se retirèrent sous la conduite de leurs chefs, vers l'ouest, dans la direction de Bellegarde, par des chemins ruraux notoirement impraticables en cette saison.

Dans cette affaire, officiers et jeunes combattants firent preuve de courage et d'abnégation, et ne consentirent à la retraite qu'après s'être persuadés qu'ils ne pouvaient plus opposer de résistance à un ennemi très nombreux et disposant d'une artillerie de précision.

Les français avaient mis deux ou trois pièces en position sur la place du marché, mais elles ne nous rendirent aucun service, elles furent capturées.

La rue principale de Ladon est le prolongement de la route nationale de Montargis ; elle se déroule en ligne droite sur un terrain plat ce qui avait facilité l'artillerie allemande pour réduire nos pièces au silence en quelques minutes.

Lorsque l'artillerie eùt cessé de tirer, une forte colonne ennemie poursuivit nos soldats; bientôt ce fut, dans la rue principale, une poussée formidable et brutale, car tous voulaient se porter hors du danger !!

Pourchassés violemment, ceux de nos malheureux mobiles qui n'avaient pu sortir du bourg vers l'ouest, se répandirent pêle-mêle dans les rues, sur les places et jusque dans les cours et maisons où les Hanovriens ne cessèrent de les traquer.

Ainsi poursuivis, nos soldats, ne pouvant plus opposer de résistance, durent mettre bas leurs armes. Ils furent pris et conduits dans des forteresses d'Allemagne.

Alors que nos ennemis capturaient nos soldats dans Ladon, le général de Woyna faisait cerner le petit bourg de tous côtés.

Pendant ce dramatique et douloureux moment, un certain nombre de mobiles et soldats qui avaient pu, en temps opportun, fuir le danger en sortant du bourg, se retirèrent sur la route de Bellegarde par laquelle ils continuèrent leur retraite.

Ainsi éloignés à 1,500 mètres de Ladon ils se trouvaient hors d'atteinte du choc formidable.

Pendant l'action, les habitants de Ladon, naturellement terrifiés par ces sanglantes conflagrations, se tenaient abrités au fond de leurs habitations ; ils n'en sortirent qu'à l'issue de la lutte, et purent alors embrasser toute l'étendue du malheur ; des morts et des blessés jonchaient le sol. Aux blessés, l'on donna les premiers soins.

Pendant le Combat

Vers 11 heures du matin, et au moment où il venait de renforcer sa première ligne de tirailleurs, le général de Woyna, craignant d'être tourné sur sa droite, vers le nord, envoya un gros détachement qui passa par le hameau des Arlots.

Quinze minutes plus tard, ses nombreux éclaireurs se trouvaient dans la vaste plaine qui s'étend au nord de Ladon.

Aussi loin que leurs regards pouvaient embrasser l'horizon dans la direction de Lorcy et Corbeilles, nos ennemis n'aperçurent aucune troupe française.

Mais pour plus de sûreté, le chef de cette petite colonne envoya une fraction de sa troupe vers le hameau de Chevenelle, d'où l'on pouvait voir les premières habitations de Lorcy, et même celles de Corbeilles du Gâtinais, distance deux et quatre kilomètres.

Jusqu'à ce jour, j'ai ignoré les motifs qui avaient pu pousser nos ennemis au mécontentement et à la haine contre nos villageois ; toujours est-il que les Prussiens avant de s'éloigner du hameau de Chevenelle pour retourner vers Ladon commirent un acte de vandalisme, en mettant, sans motif connu, le feu à une ferme qui fut réduite en cendres.

Pendant que le feu accomplissait son œuvre de destruction, le gros du détachement n'avait fait que tourner la position septentrionale de Ladon ; il marchait lentement vers le sud-ouest pour atteindre la route de Beaune dont il connaissait l'existence.

Durant sa marche, toujours lente, le gros de cette colonne fut rejoint par sa petite fraction qui venait de semer l'épouvante et la ruine au hameau de Chevenelle.

Ayant repris sa formation primitive le détachement suivit des chemins ruraux, tortueux, et arriva enfin près du hameau des Boissards, où étant — il ignorait la présence de soldats français — il fut accueilli par une vive fusillade qui partait d'une compagnie du 44e de marche qui était déjà en position dans le village de la Mothe, situé en bordure, pour ainsi dire, de la route de Ladon à Beaune et à 200 mètres environ des premiers immeubles du bourg.

Trouvant là de la résistance, les Germains se déployèrent dans les vignes et derrière les haies, d'où ils dirigèrent aussitôt un feu terrible sur notre troupe qui lui opposa une très courageuse résistance, de courte durée, malheureusement.

Dans cette affaire, il y eut de part et d'autre, quelques morts et des blessés.

Cette compagnie du 44e de marche, forte de 150 hommes environ, ne recevant pas de renfort dut faiblir malgré son courage. Les prussiens s'en aperçurent et tournèrent aussitôt la position de nos soldats qui furent contraints à la soumission, faits prisonniers pour la plupart et conduits dans le bourg où se trouvaient déjà un certain nombre de leurs camarades victimes du même sort.

Une fraction de cette même compagnie, pour échapper à la reddition, s'était prudemment repliée vers le sud, dans le but d'atteindre la route de Bellegarde située à un kilomètre environ du hameau de la Mothe.

Cette retraite fut, hélas ! des plus pénibles, car mal guidée, elle eut à franchir un terrain en partie boisé, coupé de fossés et planté de haies vives.

Malgré tant d'obstacles nos soldats poursuivis sans trêve atteignirent l'angle sud-est du parc du château de Ladon. Là, ils purent s'abriter sous bois et s'opposer, pendant quelque temps, à l'approche des Prussiens qui eurent un des leurs tué raide dans une allée du parc.

Le bruit de cette nouvelle fusillade engagée vers le

château, fut entendue des Prussiens restés dans Ladon ; aussitôt, un nouveau détachement d'infanterie, fut envoyé dans cette direction.

Arrivés près du pont de la « Vinée » les Allemands trouvèrent abandonnés par nos mobiles, déjà en retraite, des armes et différents objets dont ils se saisirent. Ils brisèrent aussitôt quelques fusils sur les arêtes vives du pont précité ; puis, sans perdre de temps, ils continuèrent leur marche par la route de Bellegarde et atteignirent bientôt le château et l'angle du parc où la fusillade n'était plus guère intense.

Voyant venir un nouveau renfort ennemi, nos soldats se retirèrent à un kilomètre plus à l'ouest (vers Bellegarde) ; ils s'y abritèrent de leur mieux et envoyèrent quelques balles sur les Prussiens restés pour ainsi dire en observation au tournant de la route, près de l'énorme grange du château, dont le large pignon ouest fut atteint par quelques balles tirées par nos soldats en retraite.

Les traces des projectiles étaient encore apparentes il y a quelques années sur cette solide muraille bientôt deux fois centenaire.

Maitres de cette position, les Allemands répondirent à nos soldats par des coups de fusils qui ne blessèrent personne.

Seul, un poteau supportant les fils télégraphiques (ligne de Montargis à Orléans), fut atteint de cinq balles prussiennes, dans sa partie supérieure.

La demeure rustique de mon père qui était située à 20 mètres de ce poteau reçut aussi le baptême du feu.

Dans le but de protéger la retraite des nôtres au cas où ils auraient été poursuivis sur Bellegarde, quatre pièces de canon, qu'on avait au préalable mises en position sur un côté de la route à un kilomètre du château et à hauteur du hameau de la « Blandardière », n'eurent pas à jouer un rôle actif, car les ennemis peu nombreux d'ailleurs vers la grange, ne s'avancèrent point à l'ouest de ce lieu et l'action, de ce côté, fut limitée vers la vieille grange.

L'engagement qui avait eu pour théâtre l'angle sud-ouest du parc du château venait de prendre fin et ne devait plus être qu'un souvenir pouvant, toutefois, servir à l'histoire rétrospective.

CHAPITRE IV

Départ de Ladon des forces ennemies
Deux Allemands tués dans le désert de Ladon
Premiers soins donnés aux blessés

---

24 Novembre, 2 heures et demie du soir.— Vers ce moment, le général de Woyna ne voulant pas poursuivre les français vers Bellegarde, d'où ils étaient partis le matin, fit rassembler sa brigade à Ladon, où il prit ses dernières dispositions pour continuer sa marche sur Beaune.

Il fit donner des soins à ses blessés restés à Ladon; puis se mit en route, vers 3 heures du soir, avec tout son monde disponible.

Vers 4 heures du soir il arriva à Maizières où un nouveau combat était engagé, ainsi qu'on l'écrira plus loin.

A la suite des deux engagements qui eurent lieu, le premier au hameau de la Mothe et le second vers la grange, ainsi qu'il vient d'être dit, deux faits qui ne manquent pas de relief, s'y sont accomplis : comme ils présentent une certaine importance historique, ils doivent être signalés, les voici.

Premier fait

Il a été rapporté plus haut que le détachement allemand envoyé vers le château, ne poursuivit pas plus loin les

Français, sur la route de Bellegarde, et qu'il s'était retiré à Ladon, suivant l'ordre qu'il en avait reçu. Mais, ce qui reste mystérieux c'est la raison pour laquelle deux soldats de ce même détachement avaient cru devoir ne pas suivre sur Ladon, le mouvement de leurs camarades.

Il fut établi d'une façon péremptoire que ces deux Hanovriens avaient préféré se glisser dans le large et profond fossé qui sert de limite, du côté sud-ouest, au parc du château ; ils suivirent ce fossé, puis, à la suite de leur courte pérégrination, ils payèrent de leur vie leur imprudent entêtement :

Du fond de ce fossé, sans eau, mais couvert en partie d'une haie vive nos deux ennemis, sans être vus, pouvaient de leur regard de « Guérilleros » fouiller les champs voisins sur leur gauche.

Or, ce fut dans cette position qu'ils aperçurent un pauvre diable de mobile, isolé, marchant sur le chemin de la Blandardière, à une distance de 200 mètres C'était une proie facile ; aussi firent-ils feu sur ce malheureux sans doute épuisé de fatigue. Il fut hélas ! mortellement blessé, et mourut là où il venait d'être frappé, à 200 mètres de la demeure habitée pendant l'année terrible par feu mon père.

L'avenir réservait à ces deux Germains une mort tragique.

Pendant que leur dernière victime arrosait de son jeune sang la terre de mes ancêtres, nos deux ennemis poursuivaient leur marche lente, toujours au fond du même fossé ; ils arrivèrent enfin à 600 mètres plus loin à l'angle ouest du parc. Ils sortirent de leur cachette et pénétrèrent dans un petit pré situé à 50 mètres du parc sur les bords silencieux de la rivière la « Bézonde » où les saules touffus, encore revêtus de leurs feuillages d'automne, empèchaient les deux isolés de promener leurs regards perspicaces sur les solitudes de la prairie avoisinante.

Sans s'en douter, ils étaient parvenus dans un lieu qu'on désigne communément sous le nom de « Chalonge » ou « Désert » de Ladon, d'où ils ne pouvaient apercevoir ni la route de Bellegarde, moins encore celle de Maizières

Ne se sentant nullement en sûreté dans ce lieu et déjà menacés du crépuscule, les deux prussiens s'arrètèrent un instant au pied d'un gros chêne séculaire qui s'élevait en bordure de la « Bézonde ».

Derrière eux, vers le nord, c'était la longue lisière du parc qui s'allongeait sur un horizon déjà brumeux, limitant les regards à 1,200 mètres.

En face d'eux, à 50 mètres environ, s'élevait sur les vestiges d'une ancienne habitation moyen-âgeuse un petit bois-taillis dit : bois de « Chalonge » encore revêtu de son feuillage d'automne. Tout à coup, des francs-tireurs qui se tenaient embusqués sous ce bois, tirent sur les deux isolés, une décharge de mousqueterie qui les atteignit tous les deux à l'abdomen.

Blessés mortellement, et perdant leur sang par de terribles blessures, ces deux hommes du nord rassemblèrent ce qui leur restait de force et d'énergie ; la terre du Gâtinais ne recueillit pas immédiatement le corps des deux Teutons.

L'esprit de conservation, né de la nature toute puissante, les guida un instant ; malgré leurs souffrances, ils purent encore, à petits pas, parcourir 12 ou 15 mètres, tout en jetant des regards désespérés dans la direction de la « Germanie », leur mère patrie, comme s'ils eussent voulu faire appel à des secours qui ne pouvaient leur parvenir ! !

Epuisés, à bout de forces, ils s'abattirent sur la terre froide et humide au bord d'un petit chemin rural peu fréquenté.

A ce moment-là, ils durent penser, certes, à leurs mères qui les avaient bercés, à la fiancée qu'ils avaient laissée sur les bords riants de l'Oder ou de la Sprée et peut-être aussi à l'épouse, aux enfants restés là-bas, au foyer familial.

L'agonie de nos deux ennemis dut être horrible et prolongée : des vaches qui paissaient non loin d'eux déchiquetèrent les uniformes ; on trouva, auprès des cadavres, des débris informes de drap.

Telle fut l'œuvre d'une maudite vache qui avait contracté la mauvaise habitude de mettre en pièces avec ses dents de « Bovine » tout linge de couleur voyante qu'elle pouvait atteindre.

Ce fait dut être unique.

Bien que ces deux hommes fussent nos ennemis, nous ne devons pas éloigner de nous les sentiments d'humanité qui doivent rester l'apanage de toute personne bien née.

Nous ne devons point non plus oublier l'horreur de la guerre qui doit rester gravée dans nos cœurs. Dans notre pensée, de tels souvenirs ne s'éteindront pas.

Pendant les jours qui suivirent le combat, l'autorité locale de Ladon fit inhumer sur la rive gauche de la « Bézonde » les deux cadavres, sous une mince couche de terre, tout près de la place où ils avaient été blessés.

Une haute haie vive de saule projetait son morne ombrage sur les deux petits tumuli que je fixais vers la fin de 1871, alors que, parfois je passais par là pour me rendre aux travaux des champs. Je voyais dans ce lieu paisible les oiseaux du parc voisin et ceux des bocages, venir remplir l'air pur de leurs chants harmonieux autour des deux modestes croix de bois, de style rudimentaire, qui indiquaient la sépulture sommaire de ces deux hommes du Nord.

Je croyais même que les aimables oiseaux voulaient répandre la gaieté et ranimer la vie éteinte dans ce site silencieux.

Quand nous faisons allusion aux jours malheureux de notre histoire nationale, nous nous rémémorons forcément ces choses « néfastes ».

Deuxième fait accompli dans la demeure de M. Drouin Hippolyte propriétaire à Ladon

Pendant la retraite déjà citée, de nos soldats, du hameau de la Mothe jusqu'à l'angle du parc du château un acte de vandalisme fut commis, le voici :

Dans sa retraite mal guidée, un jeune soldat marchait isolément ; inexpérimenté qu'il était des choses de la guerre il avait cru, pour se garder des atteintes des Prussiens, se mettre à l'abri dans l'aire d'une grange qu'il trouva ouverte, laquelle appartenait à un vieillard, M. Drouin Hippolyte.

Cette demeure était située à 200 mètres environ au sud du hameau de la Mothe.

M. Drouin qui ne voyait plus de Prussiens, alla

rejoindre au fond de sa grange le jeune militaire mais, alors que tous deux observaient un silence religieux, un gros soldat hanovrien, lui aussi, isolé, semble-t-il, fit irruption dans la cour de M. Drouin, et aperçut par l'ouvroir de cette grange, les deux hommes, debout, blottis, pour ainsi dire, au fond de l'aire.

Trouvant une proie facile, le Germain abattit son arme horizontalement, épaula, fit une pression sur la détente et aussitôt le jeune français tomba foudroyé !!

Ce drame rapide s'était accompli aux pieds mêmes du vieillard terrifié à la vue d'un acte d'une telle violence, d'une telle sauvagerie, dirais-je.

Le gros Allemand, après avoir constaté la mort de sa victime continua sa marche dans la direction du parc, où le soldat allemand, tué en cet endroit, fut peut-être ce même hanovrien qui s'était montré impitoyable.

Oh ! c'est bien le cas de dire, alors, que celui qui frappe avec le fer *doit* périr par le fer ; quoique nos lois d'humanité s'y opposent parfois au grand mécontentement d'un certain nombre de citoyens.

Ainsi qu'il a été dit à la page 55 le général de Woyna était parti de Ladon, le 24 Novembre vers 2 heures 40 du soir, par la route de Maizières

Vers la fin de cette journée, les Ladonnais eurent à s'occuper de réunir les blessés dans des immeubles où ils reçurent les premiers soins. Quant aux morts, l'autorité locale les fit inhumer à la place où on les trouva.

Les parties belligérantes eurent, au combat de Ladon, chacune cent hommes environ hors de combat, tant morts que blessés.

Le même jour et pour comble de malheur, un capitaine du nom de Ogilvy, envoyé par le ministre de la guerre au général Crouzat, fut mortellement frappé à Ladon. Sur le corps de ce brave qui mourut en soldat stoïque, les Prussiens avaient trouvé des instructions très complètes relatives aux opérations à exécuter.

Hélas ! la fortune des armes passa une fois de plus dans le jeu de nos adversaires.

Longtemps après le combat on pouvait encore constater, sur des immeubles de Ladon, les empreintes de quatorze obus.

24 Novembre. — Une reconnaissance allemande forte de deux compagnies et de deux escadrons, partie de Beaune, s'était heurtée près du bourg de Montbarrois, à une fraction du deuxième lanciers d'une division du vingtième corps qui l'avait refoulée sur Boiscommun après lui avoir capturé une douzaine de prisonniers.

Dans la même journée, vers trois heures du soir, malgré la vive fusillade que subissaient à Maizières les Hanovriens commandés par le colonel de Valentini, ceux-ci eurent raison du bataillon de mobiles de la Haute-Loire.

Profitant de son succès l'ennemi poursuivit nos troupes jusqu'à Fréville où le combat prit fin. A ce moment arrivait de Bellegarde la deuxième division du vingtième corps, mais elle ne s'engagea pas.

La trente-septième brigade, général de Woyna, partie de Ladon vers 2 heures 40 du soir, ainsi qu'il a été dit, arrivait à Maizières vers 4 heures. Elle avait été précédée au lieu appelé le « Pavé » du général de Voigt-Rhetz, commandant du dixième corps de la deuxième armée Allemande.

Ce général, voyant apparaître l'épaisse brume avant-coureur du crépuscule, comme la nuit s'annonçait fort ténébreuse, il ne voulut pas s'engager à nouveau;

il conduisit ses deux brigades vers Beaune-la-Rolande; elles devaient cantonner dans les villages jusqu'au 28 Novembre jour de la bataille de Beaune.

Contrairement à ce que certains habitants de Ladon m'ont affirmé, le général Crouzat, n'était pas au combat de Ladon, mais bien entre Bellegarde et Boiscommun où il procédait à la concentration du vingtième corps qui prenait position, face à Beaune.

Le combat de Ladon fut le premier échec subi par la deuxième armée de la Loire sur la terre du Gâtinais, qui n'avait pas été le théâtre de lutte militaire depuis 1569. Or, pendant cette année, les catholiques et les protestants se livrèrent bataille à Vimory, près Montargis.

De 1648 à 1653 pendant la guerre de la Fronde, le Gâtinais eut encore à souffrir des marches et contre-marches des deux armées adverses que commandaient les deux plus grands capitaines de cette époque, Turenne et Condé.

25 Novembre. — Pendant que le général Crouzat surveillait attentivement les positions occupées par son corps vers Boiscommun, des fractions du dixième corps allemand restées à Montargis, passèrent à Ladon, se dirigeant vers Beaune.

26 Novembre. — Le dix-huitième corps de l'armée de la Loire alla occuper Montargis, et le vingtième corps vint occuper Ladon et St-Loup.

Le même jour, une brigade du vingtième corps partait de Ladon sous le commandement du colonel Girard pour pousser une reconnaissance vers Lorcy et Juranville. Elle fut attaquée par un fort détachement ennemi qui marchait vers Château-Landon ; elle perdit son chef et dut se replier sur Ladon.

Malgré leur valeur « limitée », ainsi qu'il a déjà été dit plus haut, nos jeunes soldats inexpérimentés pour la plupart, mal vêtus, déjà fatigués, manquant du nécessaire, ayant à lutter contre l'intempérie de la saison firent néanmoins bonne contenance à Ladon, où pendant plusieurs heures ils ne reculèrent pas devant leur devoir patriotique. Ils firent abnégation de leur vie et se défendirent avec courage ; cette énergie fut toujours l'apanage de la race Gauloise.

26 Novembre. — Je crois devoir prévenir mon lecteur que je vais suivre les évènements jusqu'au lendemain de la bataille de Beaune, et que, lorsqu'il sera dit que les Allemands auront réoccupé Orléans pour la deuxième fois, je reviendrai à Ladon, afin d'y raconter en détail les épisodes inhérents au combat, sans y omettre naturellement ni les soins donnés aux blessés, ni le dévouement exemplaire prodigué par les habitants de Ladon qui méritèrent bien de la Patrie et de l'Humanité.

TROISIÈME PARTIE

CHAPITRE I

Bataille de Beaune-la-Rolande — 28 Novembre 1870

La petite ville de Beaune-la-Rolande située à 12 kilomètres, à l'ouest de Ladon, est un chef-lieu de canton de l'arrondissement de Pithiviers (Loiret) situé à 18 kilomètres de cette ville ; sa population est de 2,000 habitants.

Par sa position topographique elle est moitié Gâtinaise, et moitié Beauceronne; elle est bâtie sur un sol plat d'où l'œil aperçoit à peine quelques ondulations de terrain.

Au nord et à l'ouest s'étendent les vastes plaines fertiles de la Beauce ; mais vers le sud, on découvre à l'horizon les noires bordures sans fin de la forêt d'Orléans.

Plus qu'aux deux tiers détruit, un vieux mur de 2 ou 3 mètres de hauteur constituait jadis son enceinte fortifiée dont la construction paraissait être de la fin du moyen-âge.

L'origine de cette petite cité, se perd dans la nuit des temps, puisque, pendant que César occupait « Agendicum » (Sens), Beaune était déjà une petite ville à laquelle les Romains, maîtres de la tribu des « Carnutes », donnèrent le nom de « Vellaunodunum-de-César ».

Plus tard, sous Auguste, vers l'époque où le christianisme apparut en Orient, les vainqueurs des Gaules, firent construire la large voie Romaine allant de Sens à « Cenabum », Orléans, et dont les traces sont encore, en partie, visibles un peu à l'ouest de Beaune.

C'était près de cette antique cité qu'une véritable bataille allait être livrée.

Préparatifs de la bataille

Depuis le 20 Novembre, le prince Frédéric Charles, avait établi son quartier général à Toury, sur la route d'Orléans, d'où il dirigeait les mouvements de son aile gauche et se renseignait sur ceux des Français. Or, du 23 au 26, l'ennemi massait de forts détachements sur divers points de la lisière nord de la forêt, d'où ils pouvaient observer les défilés et surveiller les environs de Beaune et même de Pithiviers.

Déjà, pendant les 25, 26 et 27 Novembre, de nombreuses escarmouches et plusieurs combats eurent lieu, avant la bataille de Beaune, dans les communes peu éloignées de cette ville ; notamment à Corbeilles, Lorcy, Juranville, Longcourt, Les Côtelles, au Moulin-des-Hommes-Libres, Montbarrois, Vénouille, Batilly, la Pierre-Percée et Romainville.

Entre autres, des fractions du 18e corps livrèrent de petits combats ; ils précédèrent aussi la bataille du 28.

Dans la soirée du 27, les concentrations successives de troupes françaises et allemandes dans les environs de Beaune faisaient prévoir qu'une bataille serait livrée sous peu, vers cette ville.

Or, dans la matinée du 28, les divers corps allemands et français manœuvraient de façon à prendre position dans la vaste plaine au milieu de laquelle s'élève la petite ville.

Les généraux français qui commandaient à Beaune furent les suivants :

Direction : général Crouzat, qui eut pour aides les généraux Billot, Robert, Bonnet, Sigard Cathélineau, Martin-des-Paillères et Durachet ; les colonels de Goury, de Polignac et Brugère qui était officier d'ordonnance du général Billot.

Les premiers contacts eurent lieu le 28 vers 10 heures du matin et bientôt l'action se généralisa ; peu après elle devint fertile en péripéties, car l'ennemi qui ne connaissait pas bien nos forces craignait toujours de se voir envelopper ou de voir sa ligne de retraite menacée ou coupée vers l'ouest. Il multipliait ses attaques et ses feintes ; battit en retraite plusieurs fois, puis revenait plus furieux sur nos colonnes qui, jusque-là, ne paraissaient pas faiblir.

Ce fut vers cette heure critique pour les prussiens que leur neuvième corps venant à la hâte de Toury, parut en scène ; il pesa dans la balance du destin, mais malgré son appui, un corps prussien dut fuir vers Romainville. La situation de ce corps était périlleuse ; mais après s'être reformé sur l'ancienne voie romaine, il revint à la rescousse et ce fut alors que la bataille devint furieuse sur toutes les lignes ; nul ne pouvait encore pronostiquer de quel côté irait la victoire.

On venait d'épuiser les munitions, la nuit approchait, menaçant d'envelopper dans ses noires ténèbres les nombreux morts et de jeter ses voiles sur eux ; négligés étaient les milliers de blessés.

Les combattants des deux camps étaient à bout de forces, l'obscurité ne permettait plus de diriger l'action ce qui produisait des confusions déplorables : nos soldats fusillaient leurs frères d'armes !

Cette bataille, qui dura toute la journée, resta pour ainsi dire indécise.

Au tomber du soir, le général Crouzat ordonna la retraite et alla reprendre ses positions du matin.

Nos soldats affamés, transis de froid, exténués par cette longue journée de lutte regagnèrent péniblement leurs anciens bivouacs.

Pendant la bataille, le ciel était gris et l'horizon brumeux, ce qui n'empècha pas nos courageux combattants d'avoir des alternatives de succès et aussi de revers pénibles. Or, pendant plus d'une heure les allemands étaient disposés à la retraite ; mais grâce à des renforts arrivés en toute hâte ils purent reprendre l'offensive et jeter dans nos rangs assez de confusion pour nous empècher de rétablir l'ordre.

La nuit apaisa les hostilités.

Durant la nuit mémorable du 28 Novembre, le dix-huitième corps alla péniblement bivouaquer entre Juranville et Lorcy, à 12 kilomètres ; il rentra le 29 à Ladon sans occuper Maizières.

Le vingtième corps se retira sur Bellegarde et laissa une brigade à Saint-Loup.

Le grand duc de Mecklembourg qui occupait toujours la contrée de Châteaudun et du Vendômois avait reçu l'ordre du prince Frédéric de hâter sa marche afin de prèter son appui le cas échéant vers Beaune, mais les troupes du grand duc étaient épuisées de fatigues par suite de marches forcées ; elles ne purent arriver à Toury que vers le 29 ou le 30 Novembre alors que la lutte fratricide de Beaune venait de passer dans le domaine de l'histoire !

A la bataille de Beaune, le général Crouzat avait commandé à 60.000 hommes mais il n'y en eut que

30.000 environ d'engagés. Ils étaient mal armés, mal vêtus, peu aguerris, avaient à combattre des troupes éprouvées auxquelles rien du nécessaire, en cette saison d'intempéries, ne faisait défaut.

Pendant l'action, le corps de Cathélineau et celui de Martin-des-Paillères n'avaient point donné. Pour comble de malheur, et sans qu'on ait su pour quel motif, le général Crouzat n'avait utilisé que la moitié de son artillerie.

Le prince Frédéric-Charles avait, à la bataille de Beaune, commandé à 25.000 hommes.

En s'éloignant de Beaune, les 29 et 30 Novembre, les allemands se retirèrent dans les localités qu'ils avaient occupées avant la bataille et où ils eurent à soutenir encore de nombreuses escarmouches.

Après la Bataille : les morts, les blessés et les prisonniers

Aux environs de Beaune et jusque sous ses murs, les Français perdirent 3,000 hommes environ et 1,600 prisonniers.

Les Allemands perdirent 38 officiers, 875 hommes et 100 prisonniers environ.

Pendant la journée du 28 Novembre, les canons des deux parties se firent entendre sans discontinuer, jusqu'à la nuit, dans une partie du pays Gâtinais, ainsi que dans une plus grande partie du pays Beauceron.

Le 30 Novembre à la suite de la très importante affaire de Beaune, de nombreuses troupes prussiennes passèrent à Ladon pour aller occuper à nouveau Montargis.

Pendant les jours qui suivirent les combats et les escarmouches qui furent livrés dans le Gâtinais jusque vers le 5 Décembre, les routes de cette contrée étaient journellement mises à l'épreuve par les passages en tous sens, des troupes allemandes et françaises suivies ou précédées de nombreux équipages roulants.

Ces belles routes dont le bon entretien en temps de paix faisait honneur à l'administration départementale, virent leurs chaussées crevassées, déformées par le poids formidable d'un matériel très considérable.

CHAPITRE II

Seconde prise d'Orléans — Bataille du Mans

Comme les évènements pouvaient prendre une mauvaise tournure pour les Allemands, dans les environs de Beaune, un corps bavarois, avait, lui aussi, reçu l'ordre de se rapprocher de Toury. Or, pendant sa marche vers cette petite ville, fin Novembre, le premier corps bavarois du général Von-der-Tann, venant de la région située entre Orléans et le Loir, rencontra à Varize (Eure-et-Loir), les francs-tireurs de « Lipowski » qui essayèrent de lui barrer le passage, sans succès.

La majeure partie des francs-tireurs purent se retirer, mais une compagnie de Girondins embusquée dans un parc ne fut pas avertie de la retraite ; elle continua seule à soutenir la lutte.

Après trois heures de défense héroïque, cette petite troupe n'avait plus de munition ; elle était décimée et cernée de tous côtés ; elle dut mettre bas les armes après avoir perdu 50 hommes dont 14 tués.

Alors, en ennemi implacable, le général bavarois se montra fort cruel en faisant fusiller sur place, dix de nos énergiques défenseurs.

Ah ! Braves enfants de la Gironde, vos mères, vos fiancées et vos amis ont versé d'abondantes larmes, pendant de longues années, à la nouvelle de votre malheureux sort, car ils ont pu savoir que ce fut en soldats stoïques que vous avez versé votre sang généreux pour la patrie, pour la défense de la grande famille française « Gloria Victis !! ».

A la suite de l'insuccès de Beaune, nos troupes marchèrent vers Orléans ; comme il était très difficile de les bien guider, les Prussiens se mirent aussitôt à les poursuivre, les refoulant, les harcelant sans cesse par les passages et les défilés étroits de la forêt. L'ennemi se rendait donc maître de toutes les issues conduisant vers Orléans, son nouvel objectif.

Vers cette même date le général Chanzy à qui on venait de confier le commandement de la deuxième armée de la Loire, prenait ses dispositions pour arrêter si cela lui était possible la marche des Allemands sur Orléans.

Avant leur arrivée en cette ville nos soldats des dix-huitième et vingtième corps qui venaient d'effectuer après mille difficultés, leur retraite par la forêt ainsi qu'il a été dit, prirent contact avec les quinzième et seizième corps. Le dix-septième ayant été gardé en réserve pour couvrir et défendre Orléans, le cas échéant, ainsi que pour surveiller la route de Tours.

Pendant ce temps, le prince Charles et le grand duc avaient activé la concentration de leurs nouvelles forces et reçu vers Toury d'autres renforts venus d'Etampes et d'ailleurs ; puis, ils s'étaient mis en marche avec tout leur monde vers Orléans. Avant d'atteindre cette ville, ils eurent à livrer, les 2, 3 et 4 Décembre plusieurs combats meurtriers, notamment à Patay, Bricy et Boulay, qui restèrent sans résultat pour les nôtres quoique nos troupes appartinssent au quatrième corps d'armée et fussent commandées par le général Chanzy.

A la suite de ces nouveaux insuccès nos troupes se retirèrent sur Orléans.

Dans la matinée du 5 décembre, la deuxième armée allemande parut devant Orléans qui n'était pas défendable : l'ennemi s'était rendu maître de tous les débouchés de la forêt aboutissant vers cette ville.

Sommée d'évacuer Orléans sous peine de bombardement, l'armée française dut se retirer. Le chef-lieu du Loiret fut repris pour la deuxième fois dans la nuit du 5 Décembre 1870 par l'ennemi qui l'occupa jusqu'au 16 Mars 1871.

Simples appréciations

La deuxième armée de la Loire était composée comme l'on sait d'éléments divers très discutables. Sa valeur n'avait qu'un crédit limité, son armement, son équipement, ses vêtements étaient très défectueux. Son moral était passable, mais l'expérience des choses de la guerre était bien imparfaite, du moins pour le plus grand nombre.

Hélas ! il n'en était pas de même de l'armée de Frédéric Charles qui comptait dans ses rangs, beaucoup d'anciens officiers et soldats vétérans de Danemark en 1864, de Bohême, à Sadova, 3 Juillet 1866.

A la suite de la seconde occupation d'Orléans, le général Chanzy avait pris la direction des quinzième et seizième corps de l'armée de la Loire, auxquels il avait réuni les débris un peu épars des dix-huitième et vingtième corps. Il s'était mis en route vers le Mans avec des forces relativement importantes.

Après des difficultés de toute nature, il était parvenu néanmoins à reconstituer la dernière armée que la France put opposer à ses envahisseurs.

Pendant que le général Chanzy travaillait nuit et jour à prendre ses délicates dispositions défensives ou offensives, suivant les circonstances qui allaient naître, le prince Frédéric, ne perdait pas de temps, il dirigeait par plusieurs routes, son armée sur le Mans.

Le 11 Janvier, les deux armées se trouvaient en présence, en vue du Mans; l'action s'engagea le même jour sur la rive gauche de l'Huisne.

Devant l'attaque formidable des troupes du prince, les mobilisés de Bretagne, mal armés et mal approvisionnés, qu'on avait peut-être imprudemment opposés aux Allemands, furent pris de panique en présence de fusillades vivement renouvelées ; ils abandonnèrent la position très importante de la Tuilerie. La confusion se produisit aussitôt dans les rangs des jeunes Bretons et la retraite fut ordonnée.

Ce même jour, la métropole du Maine, l'antique Vindinum tombait aux mains des Germains.

Après sept jours de combats préliminaires, 16,000 prisonniers et 22 canons passèrent au pouvoir des vainqueurs qui poursuivirent les troupes de Chanzy jusqu'à Laval.

La perte de la bataille du Mans, termina hélas ! la série des défaites, des insuccès de l'armée française dans sa lutte gigantesque et inégale contre l'Allemagne en 1870-71.

Dans une page de deuil, l'historiographe de la deuxième armée de la Loire, n'a pas omis d'écrire que, le 11 Janvier 1871, la France perdit son dernier boulevard mais garda son courage et son honneur !!

Pour terminer ce chapitre, je crois devoir y inscrire, quoi qu'il soit rétrospectif, le récit suivant :

On n'a pas oublié que le général Bothmer qui commandait le 4 Août 1870 la quatrième division bavaroise avait pour mission de s'emparer de Wissembourg. Cette division forte de 25,000 hommes, écrasa, comme l'on sait, la division du général Abel Douai forte de 7,000 hommes, à laquelle appartenait le soixante-quatorzième régiment de ligne dans les rangs duquel je combattis ce jour là.

La bataille de Wissembourg fut le premier échec très sérieux subi par nos armes à la frontière et dès le début des hostilités de la guerre Franco-Allemande.

Quoiqu'on ait dit, au moment de l'explosion de la guerre, que les Bavarois avaient quelque sympathie pour les Français, c'était bien là une erreur au moins partielle ; car si les habitants de Bavière se sont montrés un peu indulgents à l'égard des nombreux prisonniers de guerre français internés dans leurs villes en 1870-71, les troupes de ce royaume qui ont combattu à côté des Allemands du nord, ont agi sur plusieurs points de notre territoire d'une façon brutale, impitoyable même.

Quant à moi, je ne fus pas témoin des actes qualifiés de « Répression sévère » commis par nos ennemis à Wissembourg ; mais pendant les jours qui suivirent notre première défaite, j'ai pu apprendre de plusieurs de mes camarades témoins des faits, les brutalités exercées par des soldats bavarois sur des blessés français, sans défense, à Wissembourg.

Les descendants des Goths et des Suèves, ont commis sur notre territoire pendant son invasion, des actes odieux, dans nombre de circonstances et cela à l'égard de nos soldats et de citoyens sans défense.

C'est bien le cas de redire que la guerre n'est autre chose que la loi du plus fort.

Les récits et relations que plusieurs auteurs ont écrit sur la façon dont se sont conduits nos ennemis de 1870-71 envers les Français depuis Wissembourg, Bazeille et jusqu'à Orléans, viennent corroborer les actes inhumains qu'on leur reprocha d'avoir commis sur d'honnêtes gens inoffensifs et jusque dans leurs habitations.

QUATRIÈME PARTIE

CHAPITRE I

L'Obus sacrilège
Opérations faites à des blessés français

Après avoir suivi les événements jusqu'au Mans, je retourne à Ladon ainsi que je l'ai promis ; je vais m'efforcer de narrer aussi succinctement qu'il me sera possible, les faits et épisodes qui s'y succédèrent ; quelques habitants déjà âgés, sexagénaires comme moi, ont pu conserver dans leur mémoire le souvenir des tristesses de l'année terrible.

Toutefois, il me paraît nécessaire d'en écrire l'ensemble afin que les générations futures puissent s'instruire sur le passé, que le temps, ce destructeur impitoyable, se charge toujours d'anéantir, ainsi qu'il fait de tout ce qui a eu son heure de beauté ou de célébrité.

Je cite :

Dans la journée du 24 Novembre, un soldat français ayant été blessé, on ne sut jamais en quel endroit, ni dans quelle circonstance, se trouva le soir, isolé, dans la plaine de Champs-Galant. Ses souffrances le paralysaient et la nuit noire vint le surprendre avant qu'il ait pu se traîner jusqu'à un hameau où les habitants n'auraient pas manqué de lui donner les premiers soins. Il fut donc contraint de se traîner, plutôt que de marcher, pendant toute la nuit sur le sol froid et humide.

Des habitants du hameau de la Bourgogne, commune de Ladon, situé à 500 mètres environ du malheureux blessé, racontèrent plus tard que pendant la nuit très obscure du 24 au 25 Novembre, ils avaient bien entendu les plaintes, les appels réitérés d'une personne réclamant du secours, mais que, craignant pendant une nuit noire, de recevoir un coup de feu de quelque ennemi embusqué, ils s'étaient abstenus de sortir ; le lendemain le jeune blessé avait été recueilli et conduit mourant à l'ambulance.

La blessure mortelle de M. Despont

A peine nos troupes s'étaient-elles retirées dans le bourg de Ladon que la brigade tout entière du général de Woyna, pénétra en masse dans le bourg, ainsi qu'il a déjà été dit, par la rue principale.

M. Despont, ancien instituteur de cette commune, habitait seul un logement situé au premier étage d'un immeuble de cette rue.

Quand il entendit le bruit d'une troupe en marche, le vieil instituteur s'empressa de fermer ses volets et se retira dans l'intérieur de sa pièce tout en faisant quelques pas de long en large. Un soldat ennemi avait cru remarquer que les volets de cette fenêtre n'étaient pas suffisamment fermés ; ce qui lui parût anormal : sans plus d'hésitation il épaula et fit feu dans la fenêtre.

Le projectile brisa un des volets duquel se détacha un morceau de fer ou de bois dur, on ne sut au juste ; il alla violemment frapper à la main le vieux pédagogue.

Cette blessure le fit beaucoup souffrir ; comme il n'avait plus de famille à Ladon, il fut conduit chez son fils qui lui prodigua tous les soins que réclamait son état. Mais malgré tout l'empressement qu'on mit à le soigner le vieil instituteur s'éteignit quelques mois plus tard.

M. le comte de la Bussière, officier français, après avoir été blessé à Ladon, fut transporté chez M. Sédillot, médecin à Ladon, qui lui prodigua ses bons soins, mais le sympathique praticien ne put empêcher cet officier de mourir chez lui quelques jours plus tard.

---

25 ou 26 Novembre. — M. Lemaire Médéric, qui tenait l'hôtel du Cheval Blanc à Ladon, fut, à la suite d'un acte d'indélicatesse commis par un soldat allemand dans son hôtel, appréhendé par plusieurs soldats ennemis qui l'attachèrent sur une brouette et le conduisirent sur la place publique où il devait être maltraité et peut-être fusillé. Mais, grâce à l'intervention intelligente de M. Pillard, maire de Ladon, les chefs prussiens tranchèrent le différend : le maître d'hôtel fut mis en liberté, à la grande satisfaction de toute la population Ladonnaise.

L'Obus Sacrilège

Pendant l'action, un obus parti d'une batterie allemande en position sur la légère éminence de « Pâturange », alla frapper le mur côté Est de l'église paroissiale de Ladon. Après qu'il eut défoncé la partie la plus faible de ce mur, le même projectile brisa la statuette de la Vierge fixée à l'intérieur d'une niche pratiquée à la place même où l'obus traversa le mur. Puis, il pénétra dans l'église où il fit aussitôt explosion ; ses éclats de fonte atteignirent chaises et bancs.

Le jour du combat de Ladon, ou le lendemain, la commune de Villemoutiers, voisine de Ladon, accusée par l'ennemi d'un fait ayant contrarié ou pu contrarier ses mouvements, fut frappée d'une contribution de guerre qu'elle fut forcée de payer.

Episode qui suivit le Combat

Pour donner les premiers soins à quelques-uns de leurs blessés, les Allemands portèrent ceux-ci dans une maison rustique située dans un hameau de la commune de Villemoutiers. Leur stupéfaction fut à son comble lorsqu'en arrivant dans cette modeste demeure, ils trouvèrent tous ses habitants blottis dans le grand four où ils avaient l'habitude de faire cuire leur pain.

En paysans prévoyants, nos Gâtinais avaient cru trouver un abri sûr, derrière les épaisses parois de leur habitation.

Situation à Ladon, dans la soirée du 24 Novembre

Après le départ du général de Woyna, M. Pillard, maire et médecin, ainsi que Messieurs les conseillers municipaux suivis dans leur délicate mission d'une partie de la population Ladonnaise, s'empressèrent de faire porter les blessés des deux camps, au nombre de cent environ, dans l'église, ainsi que dans la très vaste salle de danse, transformées en hôpitaux improvisés.

On y installa des matelas et de la paille sur lesquels on plaça les malades qu'on couvrit ensuite avec des couvertures données par les habitants ; des dames et des jeunes filles prêtèrent leur précieux concours aux médecins français et allemands.

Pendant les jours suivants, la population ne cessa de rivaliser de courage et de dévouement pour servir la cause humanitaire.

Les habitants allèrent même jusqu'à partager leurs bien modestes repas avec les blessés des deux parties.

Pendant quelque temps on continua de prodiguer aux blessés des soins intelligents et assidus.

Les médecins étaient aidés dans leur dure tâche par la sollicitude des habitants et spécialement par des dames qui sacrifièrent leur temps, nuit et jour, tant dans l'église que dans la salle de danse au sein de laquelle s'étaient épanouies pendant les années précédentes la joie et l'espérance de la jeunesse de la contrée.

On a raconté dans le pays que les blessés allemands se montraient très exigeants à tel point qu'on ne savait comment faire pour les contenter.

Inhumation des Morts

Après que l'on eut installé les blessés, ainsi qu'il vient d'être dit, l'autorité locale fit procéder à la sépulture sommaire des officiers, sous-officiers et soldats français et prussiens trouvés morts sur le terrain. Ils furent inhumés à peu près à la place où ils avaient été frappés, et où ils dormirent leur dernier sommeil jusqu'en 1875, époque à laquelle leurs restes furent exhumés ainsi qu'il sera écrit par la suite.

Opérations faites à des Blessés

A la suite du combat, plusieurs soldats français grièvement blessés, qu'on n'avait sans doute pu transporter à Ladon, furent placés dans une maison d'un hameau de Ladon. Pendant que nos malheureux blessés souffraient horriblement, l'hiver mémorable battait son plein ; la terre gelée était couverte d'une couche de neige. Les blessures de ces malheureux étaient tellement graves que des amputations avaient été jugées indispensables. De jeunes médecins ou élèves chirurgiens français, inexpérimentés, se rendirent dans la maison rustique, froide et humide, et se mirent à fouiller les chairs. Sans chloroforme pour endormir les patients, ils firent quand même des opérations qui restèrent hélas ! malheureuses.

On conçoit facilement que les pauvres victimes des barbaries de la guerre ne pouvaient contenir leurs atroces souffrances.

On m'a dit qu'aux cris de douleur poussés par ces infortunés, les habitants de la maison furent pris d'épouvante et s'enfuirent.

Rien n'avait été préparé pour aider à d'aussi lugubres besognes ; les opérations avaient généralement une issue fatale.

Aux funérailles des personnes s'écrièrent :

« Honneur au courage malheureux, martyrs de l'époque troublée, dormez en paix !! »

A signaler : Deux actes de générosité

Deux actes de générosité, deux actes nobles, furent accomplis par deux habitants de Ladon.

Ces faits méritant d'être narrés, les voici :

1° M. Gautier, gendarme en retraite, occupait à Ladon, le modeste emploi de garde-champêtre.

A la suite du combat, il s'était mis à la recherche de quelque français blessé ; il lui fut facile d'en trouver un ; il n'hésita pas à le recueillir et à le soigner dans son modeste intérieur pendant de longs mois et même jusqu'à sa complète guérison. C'était un jeune mobile du « Cher » qui avait été blessé d'une balle sous les murs de Ladon.

2° M. Richer, de situation modeste, était marchand ambulant à Ladon.

Ce digne citoyen ne consulta que ses sentiments d'humanité et sa sollicitude à l'égard de ceux de ses semblables qu'il voyait souffrir ; il n'hésita pas non plus à recueillir dans sa modeste demeure, un soldat français grièvement blessé à la cuisse, près de Ladon. Il prodigua à ce jeune homme des soins véritablement paternels pendant deux mois.

Alors qu'on pouvait croire sa blessure en bonne voie de guérison, l'appareil qu'on avait appliqué sur sa jambe vint à se rompre, laissant ce malheureux dans un état qui nécessitait de nouveaux soins et sacrifices

En présence de la gravité du nouvel état du blessé, M. Richer n'écouta plus que son dévouement et fit de nouveaux sacrifices pour soigner et garder chez lui pendant deux mois encore, ce militaire dont l'état ne s'améliora pas.

Le blessé dont j'ignore le nom, dut rentrer dans sa famille avant sa guérison ; peut-être aura-t-il épuisé les ressources de ses parents avant de disparaître de ce monde.

CHAPITRE II

Les Mères et les Fiancées
Edification d'un Monument Commémoratif

Pour comble de malheur, pendant les jours qui suivirent le combat de Ladon, de nombreuses troupes allemandes du dixième corps qui occupaient encore Montargis grossies elles-mêmes par de forts détachements venus de Bourgogne, passèrent à Ladon pour aller augmenter la deuxième armée de Frédéric Charles, vers Toury.

Ces irruptions d'ennemis encombraient les places et les rues de Ladon ; les habitants voyaient leurs domiciles envahis ; ils n'étaient plus maîtres chez eux.

Les petits débitants perdaient la tête à l'idée d'avoir tant de monde à servir.

C'était bien une épreuve d'un nouveau genre que subissaient les Ladonnais.

Après ce passage, un commencement de famine se déclara.

La contrée fut encore appauvrie par suite des réquisitions que faisaient les Prussiens, en fourrage, avoine, blés ; ils prélevaient tout ce qui leur était nécessaire, dans les villages et hameaux de la contrée dont Ladon était le centre.

Au début de la guerre, les Ladonnais et tant d'autres personnes ne pouvaient croire que des événements aussi tragiques viendraient troubler leur quiétude.

Ils ne connaissaient rien des horreurs de la guerre, en dehors de ce qu'ils avaient entendu raconter par d'anciens serviteurs du premier Empire ; notamment par le sieur Lioret Louis, qui fut mon aïeul maternel et qui mourut à Ladon en 1857.

Tué par l'explosion d'un Obus

Quelques jours après le combat de Ladon, un jeune homme de cette commune, nommé Janvier, âgé de 18 ou 20 ans, se rendit, en compagnie de quelques-uns de ses camarades, sur le territoire de la commune de Maizières, située à 4 kilomètres de Ladon, où ils espéraient que des obus allemands, n'ayant pas éclaté, gisaient encore sur le sol.

Etant parvenus sur les lieux ils se mirent à la recherche de ces engins, et purent en découvrir un qui avait glissé sur la terre sans pénétrer à l'intérieur : Ils s'en emparèrent ; le jeune Janvier plaça entre ses jambes l'engin homicide qu'il se mit à dévisser afin d'en extraire la poudre et de disposer ensuite du corps de l'obus ; celui-ci fit soudain explosion, labourant l'abdomen de l'imprudent et le mettant dans l'impossibilité de sortir de sa très périlleuse position. On eut alors recours à une voiture de paysan dans laquelle on plaça le blessé avec ménagement.

Pendant son transport il ne cessait de réclamer à boire, car le sang qu'il perdait avait provoqué une soif ardente.

Il mourut à son arrivée chez sa mère qui habitait Ladon.

Pour les Mères et les Fiancées

Ah ! mères ! ah ! fiancées et amis, quand la nouvelle néfaste aura franchi le seuil de votre demeure familiale, vous aurez mille peines à étouffer votre chagrin, à essuyer vos larmes sur vos yeux fatigués.

Vous pleurerez pendant de longues années celui qui vous fut si cher et bien aimé, parce que vous l'aurez allaité, parce que vous aurez bercé son enfance et salué son adolescence.

De votre fils chéri qui mourut martyr loin du tendre foyer paternel, vous garderez toujours l'image, mais hélas ! vous ne pourrez aller pleurer près de sa sépulture parce que le hasard des luttes, dans ses méchants desseins, aura pour vous, dissimulé ce lieu de pélerinage et entravé vos lentes et pénibles recherches.

Ah ! vous, fiancées ! dont la fatale nouvelle aura brisé le cœur, anéanti les chères espérances, vous verserez aussi dans le silence d'abondantes larmes et pendant les longues veilles d'hiver, vous n'aurez pour témoin silencieux que le feu flamboyant dans l'âtre.

Dans ce même silence, vous adresserez un dernier « Adieu » au bien aimé, qui dort hélas ! son éternel sommeil dans la terre du Gâtinais !

Liste des jeunes hommes nés et ayant leur famille à Ladon, morts pendant la guerre de 1870-71

1° Barnault Louis, 20 ans, mort par suite de maladie contractée au régiment, à Stuttgard (Wurtemberg) 1870.

2° Petipa, 26 ans, blessé d'une balle à la rotule à la bataille de Gravelotte, le 16 Août 1870.

Rentré dans sa famille, après la paix signée, l'Etat lui servait une pension alimentaire de 0 fr. 80 par jour. Il mourut quelques mois plus tard, chez ses parents, autant de chagrin que de souffrance.

3° Pineau, 20 ou 21 ans, fils unique.

On le crut toujours disparu dans la tempête, son père fit de nombreuses et très onéreuses recherches sans succès. Pendant plusieurs années il fut aidé dans ses recherches par des personnes du monde militaire, mais ne put jamais parvenir à être fixé sur le sort subi par son très regretté fils !

4° Anceau, 20 ou 21 ans, blessé dans un combat, sous les yeux de ses camarades ; il mourut quelques minutes après avoir été frappé.

Il emporta les regrets éternels de sa famille éplorée.

5° Dudois Vincent, 20 ou 21 ans, fils unique.

Par suite de maladie contractée au régiment et pris de nostalgie, il mourut à Montbéliard (Doubs).

1875 — Exhumation des corps

Le conseil municipal de Ladon voulant suivre l'exemple déjà donné en France, par certaines municipalités, décida de faire exhumer, vers la fin de 1875, les restes des soldats français et allemands morts et inhumés sommairement sur divers points de son territoire.

Lors de l'enterrement des victimes de la tourmente de 1870, l'autorité locale avait donné des ordres aux fossoyeurs pour qu'ils désignassent les sépultures par une marque quelconque selon qu'il s'agissait d'un français ou d'un allemand.

Lors de l'exhumation des restes, les habitants de Ladon qui avaient procédé aux enterrements en 1870, servirent d'indicateurs.

Au début de l'année 1876, le conseil municipal de Ladon, présidé par son honorable maire aidé du précieux concours de M. le curé de cette paroisse, fit édifier à grands frais, une crypte dans l'intérieur de l'Eglise, côté sud.

On y déposa, avec soin et méthode, les restes vénérés des soldats français morts au combat de Ladon.

Depuis l'année terrible, tous les ans, le 24 Novembre, une messe est célébrée par M. le curé de Ladon, pour la mémoire de ceux qui moururent en défenseurs de la patrie commune.

A la suite de ce service religieux la « Crypte » est ouverte en présence du public qui peut voir pendant quelques minutes les ossements blanchis.

Les noms des victimes du devoir furent gravés en lettres d'or et en creux sur la première partie du marbre noir ; sur la seconde partie, on inscrivit les noms des enfants nés à Ladon et morts à l'ennemi ou dans les casemates des forteresses d'Allemagne.

Sur une autre partie du même marbre recouvrant la Crypte, on grava aussi ces mots afin de recommander la mémoire des défunts à la vénération des visiteurs :

Honneur au courage malheureux !!

Quant aux 38 soldats Germains, plus un officier, ils furent inhumés aussi en 1876, dans une seule fosse commune creusée dans le nouveau cimetière de Ladon.

Edification du monument commémoratif du combat de Ladon

Pendant l'année 1886, M. le Maire ainsi que son Conseil Municipal ne trouvant pas suffisant d'avoir fait construire, en 1876, la Crypte dont il est fait mention dans le récit précédent, voulurent suivre encore une fois, l'exemple manifesté en France par de nombreuses communes. L'autorité Ladonnaise, après avoir voté des fonds communaux et reçu des dons de la générosité publique centralisa l'argent indispensable à la création de l'œuvre projetée.

Dans une dernière délibération, le conseil décida de faire élever un monument dédié à la mémoire des soldats français morts pour la Patrie en 1870-71.

Dans l'esprit des créateurs, l'œuvre avait pour mission de transmettre à la postérité, le souvenir des français tombés au combat de Ladon, le 24 Novembre 1870.

On rassembla donc les précieux matériaux, puis, vers la fin de Vendémiaire 1886, on procéda à l'édification d'un magnifique monument de forme pyramidale.

La hauteur du monument est de 7 m. 50, y compris sa base. Il forme un bloc de granit grisâtre de la Creuse, don de M. Lafond qui habitait Ladon à cette époque.

Le monument se dresse à l'intersection des routes d'Orléans et de Pithiviers, sur la place de la nouvelle mairie, face à la large rue principale du pays.

La dureté des matériaux employés à cette construction, défie pour toujours, l'œuvre du temps.

Ce fut le 6 Novembre 1886 que la réception officielle et solennelle du monument eut lieu en présence de M. le maire, accompagné de son conseil ; de toute la population de Ladon, ainsi que de plusieurs délégations et sociétés venues de diverses communes du Gâtinais.

Messieurs le préfet du Loiret, le sous-préfet de Montargis, le général commandant le département, des représentants de la presse, écoutèrent tous dans un silence religieux, les nombreux discours qui furent prononcés avant la remise officielle du monument à l'autorité locale.

Sur la partie centrale du monument on a gravé en creux et en lettres d'or, l'inscription suivante :

1870 — 24 NOVEMBRE

HONNEUR AUX 1,400

CONTRE . . 8,000

Sur les quatre façades du monument on a aussi gravé en lettres d'or et en creux, l'inscription suivante :

Façade sud : 44e DE MARCHE.

id. ouest : 7e CHASSEURS A CHEVAL.

id. est : MOBILES DE LA LOIRE.

id. nord : FRANCS-TIREURS DU DOUBS.

Dans la postérité et si cela n'est déjà fait, l'aïeul accompagnera son petit fils à la fête ou au marché du pays, l'enfant interrogera son grand père sur les causes qui aurontinspiré aux hommesl'idée d'avoir mis debout une ausssi grosse pierre.

Sachant que son descendant est désireux de s'instruire, le vieillard interrompra sa marche ; en face de la colonne il dira à l'enfant :

« Ce monument que tu contemples, fut élevé sur cette place pour rappeler aux passants le respect dû à la mémoire des jeunes français, venus de loin, et tués en 1870 tout près de la « gare » de Ladon, en défendant la patrie commune et l'honneur des Français ».

Le vieillard continuera de dire à son petit compagnon de route, qu'en 1870, des armées prussiennes avaient brutalement envahi une partie de la France, et que 8,000 de ces hommes venus des pays allemands, avaient attaqué 1.400 français venus de Bellegarde pour leur disputer le passage de Ladon.

« Mon cher enfant, ajoutera l'aïeul, quand tu passeras devant cette colonne tu te découvriras en souvenir du sang versé par tes grands-oncles, dans une partie de la France, ainsi que dans le Gâtinais, sur les terres de tes parents, qui furent aussi celles de tes ancêtres.

« Mon petit, tu mettras en pratique les fervents conseils de ton instituteur, sans oublier jamais ceux de tes père et mère. Et, si une nouvelle guerre devait un jour s'abattre sur la France, dans ce cas, tu n'aurais pas à hésiter à prendre les armes, puis à voler à la frontière pour défendre ta patrie et son indépendance. Dans ce cas seulement tu devrais faire abnégation de ta vie ; car j'espère que tu saurais faire œuvre utile par l'emploi de l'énergie qu'on a à 20 ans, et aussi par le sacrifice de ton sang, s'il te fallait le verser ».

CHAPITRE III

Appréciation de l'auteur sur les neuf sujets suivants, sur la guerre de 1870-71, sur les guerres antérieures et futures, et sur les principes généraux qui doivent constamment servir de guide à tout homme sorti d'une tige saine.

Après avoir longuement réfléchi et médité sur les atrocités de la guerre de 1870, qui fut hélas ! si funeste à la France, on se sent conduit à se demander si la nature toute sublime qui créa, avec le temps, tout ce qui est esthétique, florissant et admirable sur la terre, est bien là dans son œuvre immense.

On se demande aussi pourquoi les hommes sortis d'une origine commune se sont rendus coupables de tant de forfaits !

De tout temps on a ensanglanté notre planète.

Ah ! mystère ?

Il est pénible de penser que depuis la plus haute antiquité, la guerre a toujours existé entre les divers peuples, et il est également pénible de croire que malgré le progrès des civilisations et l'épanouissement des sciences modernes, la guerre pourra bien toujours exister, à intervalles plus ou moins éloignés.

C'est ici le moment d'ajouter que les guerres futures ne seront plus faites comme jadis, pour la gloire des nations belliqueuses, mais bien pour assurer le succès des luttes économiques, commerciales, parce que la population diabolique augmente dans des proportions considérables chez tous les peuples civilisés, et parce que ceux-ci, au nom du progrès moderne, ont des besoins sans limite, que les peuples des époques disparues avaient le bonheur de ne point connaître.

Déclaration de la guerre de 1870

Ce serait à tort de croire que la guerre de 1870 ait été déchaînée par la volonté de la France ; car, ni le gouvernement... impérial de Napoléon III, pas plus que le parti d'opposition de cette époque ne désiraient ni ne voulaient la guerre ; on souhaitait travailler et vivre en paix.

A la suite des guerres de Crimée, d'Italie et du Mexique, le gouvernement et la France tout entière étaient devenus pacifiques.

Mais, hélas ! un seul homme en Europe avait préparé sciemment la guerre et l'avait fait exploser à la date choisie par lui-même.

Cet homme était le prince de Bismarck, qui y avait travaillé pendant de longues années. Ce formidable projet, il l'avait ourdi dans l'ombre par la mise en pratique de son tout puissant « machiavélisme ».

Le chancelier de fer voulait, pour son pays, une revanche d'Iéna, et cela malgré le roi Guillaume Ier de Prusse qui hésitait, quoique ambitieux, à engager son peuple dans une nouvelle guerre ; il connaissait trop bien la France pour l'attaquer sans motif sérieux. Il se trouvait satisfait d'avoir détruit au profit de la Prusse, en 1866, après Sadowa, la confédération Germanique qui existait depuis 1806.

Mais, le prince de Bismarck, plus ambitieux que son maître, voulait reconquérir sur la France, l'Alsace tout entière et la portion de la Lorraine qui faisait partie intégrante antérieurement à 1648, du vieil et Saint-Empire Germanique. Il y réussit en 1871 au détriment de la France et de Napoléon III, et la revanche de 1806 devint un fait accompli.

Quelques jours avant la rupture des négociations diplomatiques, le trop célèbre Bismarck disait au roi de Prusse :

« Allons, mon maître, Seigneur et Roi, tiens fort les rênes de ton grand « dada » auquel je vais faire sauter le grand « fossé ».

L'homme du parti féodal et autoritaire faisait allusion au père « Rhin ».

Au 20 Mai 1871, au traité de Francfort-sur-le-Mein, l'Allemagne nous enleva non seulement cinq milliards, l'Alsace et la Lorraine, mais encore elle nous imposa un traité de commerce si bien avantageux pour elle, qu'il fut impossible à la France, pendant de longues années, de lutter contre la concurrence commerciale allemande, qui se dressa menaçante, et se dresse encore de nos jours contre l'économie politique de notre pays.

Les guerres justes et nécessaires

Je ne partage pas l'avis de cet auteur qui prétend que les guerres justes et nécessaires devraient être jugées et votées par le peuple. Il me paraît certain, du moins pour l'époque où nous vivons, que la grande majorité des citoyens de toutes les nations civilisées, n'a pas encore acquis, ne pourra acquérir de sitôt, les connaissances indispensables pour émettre un jugement de cette importance sur la matière si profonde et si palpitante qui nous occupe.

Simple appréciation sur l'ancien régime

L'ancien régime féodal et omnipotent qui pesa pendant des siècles sur tous les peuples de la vieille Europe, n'est, certes, plus de mode par ce temps de progrès, car la soumission à outrance serait un obstacle au développement intellectuel de chaque citoyen. Mais une liberté sans contrôle ni défiance pourrait bien conduire une partie de la société à la corruption des mœurs, et préparer par ce fait la décadence lente mais certaine des peuples qui s'y seraient laissés surprendre par la beauté des choses que la science et les arts ont mis à la disposition du monde.

Le bien-être des peuples n'atteindra ni la perfection ni un bonheur durable.

Les Arts et la Civilisation

Si l'on s'inspire de l'auteur de : « La grandeur et de la décadence des Romains », on dira avec Montesquieu, que ce furent les arts et la civilisation qui ont perdu la République de Rome, et que, quelques siècles avant elle l'Egypte et la Grèce subirent le même sort.

Quiconque est observateur n'oubliera pas cette phrase qui restera toujours célèbre et peu discutable.

Croyances religieuses et libres pensées

Le fanatisme né de chaque Religion me semble dangereux le cas échéant ; au contraire, les croyances religieuses simples, raisonnées peuvent guider l'homme dans la voie de l'honnêteté, de la droiture, de l'humanité.

La libre pensée n'empêche pas l'homme de marcher dans les voies citées ci-dessus, mais, c'est ici le moment de se demander si le principe peut se généraliser, ou si au contraire, l'homme faible, peu lettré, qui ne voit que la vie matérielle, n'est pas enclin à devenir malhonnête, ambitieux, et à voir en ennemis irréconciliables tous les autres citoyens qu'il croit en meilleure situation que lui-même dans la société moderne.

La libre pensée, est, certes, le résultat de recherches et d'études intellectuelles profondes ; elle fit et fait encore de nos jours de nombreux prosélytes.

Veuille l'avenir qu'elle nous conduise dans une voie de droiture, de justice, de sincérité et d'humanité ; mais l'on pourrait aussi craindre que dans un temps indéterminé, les esprits surchauffés, mécontents, fissent naître dans les masses populaires une effervescence qui aurait pour conséquence une explosion formidable et dangereuse en même temps.

Dernière appréciation sur l'état social moderne
du monde civilisé

Le progrès a déjà, et aura aussi dans l'avenir, pour conséquence, de favoriser à outrance, la *surproduction* du *superflu* de la vie ; tandis que la *production* des choses *nécessaires*, *indispensables* à la *vie humaine*, ne donnera pour l'alimentation des *multitudes* que le *strict nécessaire !*

L. GAUTHIER.

FIN

6348 Verneuil (Eure), typographie et lithographie, A. Aubert.

www.ingramcontent.com/pod-product-compliance
Ingram Content Group UK Ltd.
Pitfield, Milton Keynes, MK11 3LW, UK
UKHW021209220726
13924UKWH00003B/1417